Al lector

Gracias por adquirir este manual. En él se encuentra una de las reflexiones más profundas sobre los avatares de la vida. La forma en que se asumen las diferentes situaciones puede formar el destino, ya sea hacia el éxito o hacia el inevitable fracaso.

Aprender y reconocer la diferencia entre fracasar y aprender es la base del cambio mental. ¿Por qué me va mal? Es una pregunta cuya respuesta puede sorprenderle al concluir que nunca se fracasa. Este documento cambiará sus conceptos en tan solo una hora, abriendo en su mente una nueva alternativa.

Gracias.

Omar Hejeile Ch.

AUTOR
Omar Hejeile Ch.

Editorial Wicca, rescata el poder inconmensurable del ser humano y la naturaleza; un poder que todos poseen, sienten, perciben, pero pocos conocen, a través de los textos, programas de radio, se invita sin imponer una verdad o un concepto, para que cada uno que siente el llamado desde su interior, quien descubre la magia de los sueños, y desea obtener el conocimiento, por ende, la transformación de su vida alcance el centro de la **felicidad.**
La vieja religión ha renacido...
y está en sus manos.

WICCA
ESCUELA DE MAGIA

La vieja religión basada en el conocimiento mágico, de viejas culturas perdidas en el tiempo, escapadas del mundo de los hiperbóreos renacen como el fénix la armonía del hombre con la naturaleza.

Wicca, vocablo que procede de Wise, Wizard, significa "El oficio de los sabios" "Los artesanos de la sabiduría" Durante milenios de persecución, los documentos antiguos de la vieja religión permanecieron ocultos esperando el momento propicio del renacer, ahora, Wicca, recupera algunos de los viejos conocimientos del influjo lunar, el sol, los grandes Sabbats, el poder secreto de los encantamientos y embrujos, el arte de los sortilegios, el infinito mundo mágico de las plantas, el secreto de las estrellas.

Mas información en :
www.ofiuco.com
www.radiokronos.com
www.wiccausa.com

© 2023
Autor: Omar Hejeile Ch.

Derechos Reservados

Título: ¿Por Qué Me Va Mal? Guía Para Mejorar Tu Vida Hoy.

ISBN: 978-958-8391-77-9

Sello Editorial: *WICCA S.A.S (978-958-8391)*
ENCICLOPEDIA: *"Universo de la Magia"*
Diseño y Diagramación: Mario Sánchez C.

Prohibida su reproducción total o parcial. Ninguna parte de esta publicación, incluido el diseño de la carátula, puede ser reproducida, almacenada o transmitida de manera alguna, por ningún medio creado o por crearse, ya sea electrónico, químico, mecánico, óptico, de grabación, fotocopia, ni espacio de televisión, prensa, radio, internet o cualquier otro, sin previa autorización escrita del autor y/o editor: Editorial WICCA S.A.S.

La infracción de dichos derechos puede constituir un delito contra la propiedad intelectual. Con base en los derechos de autor las imágenes utilizadas para recrear son de uso libre, las que están dentro del libro.

www.ofiuco.com
(Copyright 2023, Todos los Derechos Reservados © EDITORIAL WICCA)

¿POR QUÉ ME VA MAL?

OMAR HEJEILE CH.

¿POR QUÉ ME VA MAL?

Guía para mejorar tu vida hoy

Una pregunta que ronda en la mente en algún momento de la vida: ¿Por qué me va mal? Se hace este cuestionamiento frente a las situaciones de la existencia.

Algunas situaciones aparecen de manera espontánea cambiando el destino, otras han existido por siempre y algunas más son impuestas.

¿Por qué las cosas salen mal?

Sin duda, la respuesta a por qué las cosas van mal puede estar en que uno mismo lo ha querido. Esto puede sonar como una señal de culpa o juicio, pero en el fondo es así. Todo sucede por una razón y alguna es la causa por la cual la vida está o ha entrado en caos, donde no existe el progreso, se ha perdido la felicidad y nada avanza.

A pesar de los muchos intentos, todo termina en fracaso una y otra vez. La secuencia de fracasos lleva finalmente a la aceptación, la vida se detiene, llega el conformismo y se pierde el deseo de luchar y continuar. Y sí, usted es el único responsable de tener la vida que tiene. (*Véase el libro Cómo Evitar el Fracaso y Tener Éxito en 21 Días*)

Sin embargo, a veces es posible que uno ignore las causas o decisiones que han llevado a esta situación, ya que no siempre son visibles ni fáciles de definir y entender. En este manual encontrará probablemente respuestas a la gran pregunta: **¿Por qué me va mal?**

La suerte

La suerte es algo que no sirve de nada en la vida si uno no la tiene, igual de nada sirve luchar, intentar o exigirse si no existe la suerte.

Pero ¿qué es la suerte? Es una pregunta compleja que puede ser definida como una energía que acompaña a todos los seres, pero que es fácil de perder, difícil de encontrar y aún más complicado mantener.

Para comprender esto, es importante algo de historia.

La cultura griega existió en su origen hará unos 8.000 años más o menos.

En esa época, nació Cécrope; hijo de la diosa Gea y el dios del fuego Hefesto.

Digamos que su extraño nacimiento sobrenatural, no era de este mundo. Poseía la mitad de su cuerpo humano y la mitad de serpiente.

¿Reptiliano? Puede ser.

¿POR QUÉ ME VA MAL?

El asunto es que tiene mucho que ver con su suerte, destino y con su infortunio.

Este ser, dejo extrañas enseñanzas, algunas escondidas para el común de los mortales.

Entre ellas; la obtención de la suerte y los destinos que rigen la vida, un tema oculto que solo algunos lo conocen.

Designo a las tres Moiras como señoras del destino, sin ellas la vida no existiría.

Cloto: La hilandera es ella la que saca la hebra de la rueca o un destino que le otorga a cada mortal.

Láquesis: La dueña de la vida, ella se encarga de medir la hebra del destino y la vida, pero con la diosa Tyche o Tiqué, entregaba la suerte que cada cual tendría. Átropos: La encargada de poner fin a la vida, por ende, al destino, poseías las «malditas tijeras» con la cuales todo lo cortaba, incluyendo la suerte.

El Hado: una divinidad extraña, hijo o hija de las Moiras y el dios Hades, el encargado de tentar los destinos, tanto para el bien como para el mal.

Láquesis tiene una estrecha relación con la diosa Tiqué de la fortuna y la suerte, lo que pocos conocen, es la diosa que el dios Cécrope, instituyó para compensar la suerte y fortuna de los mortales.

La diosa Tiqué

Hija de Zeus, portadora del cuerno de la abundancia, el cual le fue entregado por la cabra Amaltea, esto tiene algo interesante.

Ocurre que el padre Zeus, fue criado con la leche de la cabra, en algún momento el dios, rompió uno de los cuernos, arrepentido, tomó el cuerno y le confirió un poder sobrenatural.

Quien lo poseyera obtendría la suerte para tener todo lo que deseará, el cuerno mágico, se dio en custodia a la diosa Tique, desde ahí se le conoce como «Cornucopia»

El cuerno de la abundancia, esta historia contiene secretos mágicos y filosóficos, no todos los mortales pueden conocerlo, pero usted los conocerá.

Una gran responsabilidad para la diosa Tiqué, poseer la cornucopia y, más aún, a quien entregarle tal poder.

Así, que, contó con ayudantes, fuera de las Moiras que entregaban el destino y la vida, ella, con Láquesis, definían la suerte.

Para esto el dios Zeus le entrego a al dios Pluto también llamado Eniato, un ser algo extraño similar con el Hado de las Moiras.

Pequeño, de la estatura de un niño, a veces hombre o mujer, el guardián del cuerno del poder.

Pero Zeus, muy inteligente, hizo algo cruel, pero con gran sabiduría, lo dejó ciego.

Esto tiene una razón de ser, no podía ver a quien le entregaba el poder, aun así, podía sentir en su ser, quien lo merecía.

Así, es el dios que reparte la abundancia, riqueza y suerte, un ser inocente y ciego.

Esto es un secreto de alta magia, las riquezas y la suerte, son ciegas, no ven las necesidades de los mortales, no se dejan llevar por la belleza ni lo aparente.

Sienten más que ver, saben quién las merece, al entregar tal poder, este debe de ir acompañado de una gran responsabilidad.

* El uso que se le dará a la riqueza
* Para qué la desea
* Cuánto realmente necesita, sin dejar de actuar
* ¿Por qué, no ha logrado por sus medios alcanzarla?
* ¿Qué verdadero interés mueve a quién pide la riqueza?
* ¿Si muere, la riqueza, a quienes la entregará?
* ¿Realmente, es merecedor de la fortuna?

Al parecer tanto el Hado como el dios Pluto, deben saber a quién se le otorga la fortuna, riqueza y poder, tener al tiempo, juventud, poderes y fortuna, con eso se puede dominar el mundo o destruirlo. Según las reglas dejadas, es por medio del Hado que se logra que Pluto, entregue la suerte y fortuna de la diosa Tiqué.

Zeus, un gran sabio, no dejo el poder del cuerno de la abundancia sin control, fue así como Tiqué se unió a la diosa Némesis para controlar las riquezas y la suerte.

Todos los mortales, en ocasiones, buscan atajos para obtener las riquezas, el desespero, los lleva a deambular en los extraños y desconocidos parajes del facilismo, ahondando en abismos de los cuales, jamás escaparan.

Las riquezas, la fortuna, la abundancia, la dicha y la suerte son frágiles, requieren de gran sabiduría y magia, poder encontrarlas, lo más difícil, es el conocimiento y suerte, para mantenerlas. Al perderse con facilidad, se deben cuidar con esmero, no existe una fortuna y suerte, perpetua.

Es así como el dios Zeus, le concedió a la diosa Tiqué otra ayudante, cruel, difícil, alguien a quien se le debe todo el respeto. La diosa Némesis.

Némesis

Posee un gran poder y gran sabiduría, la máxima sabiduría, es la creadora de la justicia en el sentido de correspondencia. Algo por Algo.

Entre sus atributos puede dar y quitar, traer y llevar, aumentar o disminuir.

La diosa del equilibrio, dolor contra ingratitud, premios, castigos y venganza.

Es con el Hado de las Moiras, como se encarga de crear tentaciones que inducen en los mortales; decisiones que los llevan al triunfo o la derrota, de acuerdo, cómo hayan actuado.

En el mundo de la magia, junto con el Hado, es la diosa Némesis la que se debe invocar, para que el equilibrio se mantenga.

Es la dueña del ritmo y ciclos de la vida, no se puede otorgar fortuna, suerte y riqueza, sin una gran responsabilidad, todo tiene un precio.

La diosa más temida, venerada y respetada, a su vez; Némesis, junto con el dios Aidos, dejan las reglas para quien deba ser merecedor de la suerte, fortuna, riqueza, éxito, demuestre que lleva una vida recta.

La vida tiene secretos que pocos conocen, deambulan sin rumbo, solo las brujas y magos versados, conocían las artes para lograr el equilibrio, esa extraña balanza, que se mueve entre dos extremos. Tanto Némesis como Aidos, desde las sombras, dictan directrices, evalúan, juzgan, castigan o premian.

Nadie escapa de sus juicios, máxime, que en el momento en que Cloto libera un hilo para un nuevo destino, ellas colocan un demonio a cada cual.

Aidos

La diosa de la consciencia, en el uso de la suerte, la riqueza y fortuna, junto con Némesis, son las diosas que ven en las profundidades del alma.

Hace relación directa con la dignidad, las emociones, la libertad, es la vergüenza, el honor, el pudor, lo honesto, la moral, lo correcto ante lo incorrecto.

Aidos, es la diosa del juicio, mientras Némesis la diosa de la justicia.

Estas dos representaciones son de un profundo valor en quien desea ser amo y dueño de la suerte y del cuerno de la riqueza.

No es pedir por tener, es saber tener, adicional; ser digno de recibirlo.

Las dos diosas; una, la diosa **Aidos**, mide la consciencia, la dignidad, el actuar, la humildad, el respeto y los valores.

Némesis, se encarga de la justicia, colocar en balance y equilibrio la balanza de la riqueza y la pobreza, es la representación total, de la retribución.

En la magia, su actuar es representado como la compensación que existe para mantener el equilibrio. Dos extremos, la suerte y la no suerte, la fortuna contra el infortunio, el amor contra el odio, el éxito contra el fracaso, la libertad contra la limitación.

Es una de las razones desconocidas por las cuales ocurren sucesos en y durante la vida, que al tenerlo todo, se pierde.

Fuera de ellas, Zeus, junto con las Moiras, el Hado y las diosas de la suerte, fue benévolo, al colocar un demonio al lado de cada hebra de hilo que sale de la rueca, un guarda de destinos.

Agathos Daimon

Un buen demonio, envidado por Zeus, hijo de la diosa Deméter (*Libro Menstruo, el Quinto Elemento*)

Un ser, invisible para los humanos, amorfo, puede tomar la física que desee, un objeto, insecto, animal, persona, luz, sombra, sus recursos son infinitos.

Él es el guarda del destino, apropiado por la religión como el ángel de la guarda, cuida la suerte, la salud, el amor y la vida.

Siempre está presente, cerca de todos, escondido en la sombra, respetando la libertad.

Pero, actúa en la consciencia, es esa voz que a veces se escucha e induce un pensamiento entre actuar o no hacerlo.

Está ligado con el Hado de la tentación, es en sí, el consejero de las decisiones, pero no interviene en la libertad.

Respeta las decisiones, aunque se escuche su voz, se ignora, es tan sutil que pasa desapercibido, pero todos, en algún momento de la vida, ha percibido su presencia.

Para algunas personas, son las voces en su cabeza, unas para construir, otras para destruir, dependerá de lo que exista en el corazón.

Este demonio no es bueno, no es malo, no tiene sentimientos ni piedad, es la energía que revisa su consciencia.

Es en su honor, la tradición de beber una copa de vino antes y después de la cena, persiste en nuestros días, sin embargo, se ha olvidado para quién es el brindis.

Un ser que está con todos los seres, incluyéndolo.

Existen en la magia un sinnúmero de rituales para invocarlo y sentir su presencia, hasta el punto de lograr dialogar con él, a través de los espejos.

No aparece si no es invitado y, para eso, básicamente es la copa de vino, gratitud a ese ser invisible que está ahí donde usted está, a su lado, tan cerca que no lo puede ver.

En ocasiones, puede intervenir, junto con el Hado, cruza los destinos, hace que sucesos inexplicables ocurran para evitar una mala decisión.

Pero, de acuerdo con el juicio de Aidos y la justicia de Némesis, en pos de cuidar el poder dado a la diosa Tiqué, la suerte, la abundancia y la fortuna, él actúa, cuidando o quitando. Una razón para que a alguien le vaya mal en la vida.

Ayuda o ignora, depende del corazón de cada cual.

No se trata de ser bueno o malo, eso no existe, se trata de fluir interiormente, en la vida se ven personas con mucha suerte, pero aparentemente, sus actos son malos.

- ❋ Existe el secreto, quien no quiere tener, tiene.
- ❋ Quién desea ávidamente, tener, no tiene.
- ❋ La terrible ley del efecto invertido.

Las fuerzas que rigen este mundo son desconocidas, los griegos, sumerios, egipcios, de alguna forma tenían estos conocimientos, entregados por los dioses.

Sin el ánimo de desmeritar a la raza humana, resaltan cuestionamientos difíciles de responder. Una gran cultura de profunda sabiduría en un pasado remoto, donde los hombres, ni se les ocurría pensar.

Algo para pensar

* ¿Por qué dejaron de existir los profundos pensadores?
* ¿Por qué se detuvo el desarrollo y la caída de esa cultura?
* ¿Qué magnífico evento, ocurrió para deducir como actúa el universo?
* Fue inspiración, educación, mayéutica, enseñanza, implantación de los dioses.
* ¿Por qué ninguna otra cultura en el mundo para esa época desarrollo algo similar?
* ¿De dónde aprendieron?
* Y si fue alguien que les enseñó, ¿En dónde lo aprendió?

No hay respuestas más que supuestos, están los documentos, figuras, objetos, algunos son interrogantes que no tienen explicación.

A modo de ejemplo, como los antiguos griegos lograron diseñar, fundir, crear y hacer funcionar el conocido Oopart «Reloj de Anticitera»

¿Quién tuvo la idea y para qué?

¿Dónde aprendió a diseñar el sistema mecánico?

Y de ahí, se puede partir para descubrir algo increíble, un universo detrás de ese objeto. Ahora, si extrapolamos ese conocimiento al mundo de la magia, no es menos sorprendente el conocimiento que se encierra en su mitología.

No solo son historias, no es un objeto, son profundos conocimientos. Es así, como la suerte, está embebida en la antigua magia, la sabiduría y el poder. La suerte no es solo una energía caprichosa, existe en todos, tiene reglas y leyes, diosas que la protegen, la dan y la quitan. Seres que rigen de alguna forma los designios humanos, al pasar del tiempo, se ha olvidado de invocar esas fuerzas que existen, algunos las perciben, otros las ignoran, muy pocos las controlan y conocen sus secretos.

¿POR QUÉ ME VA MAL?

OMAR HEJEILE CH.

MANUAL DE MAGIA

Los secretos del destino y la suerte

Comprender el poder de la naturaleza, es conocer los ciclos del cambio, todo está sujeto con el principio del ritmo, el vaivén, avance y retroceso, aumento y mengua, amor y odio.

Y, todo lo anterior, regido y gobernado por las tres Moiras, Señoras del destino y las diosas que protegen la suerte y la fortuna.

Este libro está en sus manos, por porque se ha conectado con la magia, el lugar donde está y cómo esté, igual, es otro u otros destinos.

Pero, usted tiene un poder ilimitado, **«La Libertad»** Con la libertad se construye el destino, pero ocurre, al no conocer los ciclos del cambio, la vida se transforma en solo intentos, por ende, llega el fracaso.

Se desconecta de la naturaleza ingresando al caos, es allí donde la suerte se pierde.

¿POR QUÉ ME VA MAL?

La vida se vuelve rutinaria, cíclica, sin avances, al desconectarse de las secuencias o biorritmos, en el vaivén de la existencia, se entra en la absoluta inestabilidad.

Es así, como los procesos se ralentizan, el avance se detiene, el destino se anula.

Comprender, los ciclos; no es complejo, algo de dedicación y contemplación, permite tener una visión del futuro, tanto con los augurios y presagios.

En sí, de forma constante, realizar un sortilegio o lectura de la suerte del destino, reconocer las señales antes que la tormenta llegue.

La estabilidad de la vida no es algo que se tiene en un instante, no es un evento milagrero, espontáneo, es el sabio empleo de las leyes que rigen este universo.

La diosa Némesis, representa los extremos que existen, en todo, es la «Compensación»

En esta, existe el efecto invertido, cuando algo va a un extremo, deja un largo espacio para retornar.

Así el impulso que lleva a un polo es el mismo que lleva al otro, cuanto más se aleje de su centro más alto será el balance, el ritmo cambia, el ciclo se altera, el espacio dejado, se debe llenar, llega el retroceso y el caos.

Esto actúa en dos planos, en la mente y en el mundo material.

Cuando mentalmente, se supone que se es rico, se deja de actuar en el plano material, al hacerlo, se obtiene lo contrario, llega la pobreza.

Si se piensa que es pobre, pero, se actúa en el plano material y se exige, llega la riqueza. Son dos balanzas contrarias, una mental y otra física, las dos deben estar en armonía, es el trabajo de Némesis, compensar.

* **Demasiado amor:** termina en acoso, hostigamiento, persecución, celos, posesividad, ansiedad, obsesión, persecución, pérdida de la libertad. **Respuesta:** Odio, desprecio, ahogo, miedo, fastidio, violencia.

¿POR QUÉ ME VA MAL?

✳ **Demasiado trabajo:** obediencia, cumplir horarios, sacrificio, entrega, renuncia a la vida, exigencia, desmedida, malos honorarios. **Respuesta:** cansancio, soledad, pobreza, enfermedad, envejecimiento, miseria.

Así se puede ir al infinito en todo lo que conforma la vida, si no existe una regulación voluntaria de la forma de actuar, la suerte, el avance y el progreso no existe. Se recomienda la lectura del libro «*Ley del Efecto Invertido*»

De esto se desprende los ciclos y el ritmo de cambio de la vida a través de las estaciones y las fases lunares, las cuales alteran los estados mentales y físicos.

Cada cierto tiempo, los eventos o situaciones similares tienden a repetirse, algo que se debe conocer, días, meses, años, donde los Sinos del destino se presentan, son inevitables. Pero, se pueden presentir, si se conocen, los ciclos que cambian la vida, épocas de avance, contra épocas de mengua.

Para comprender y aplicar este manual de magia, en la atracción de la suerte, el progreso, el éxito y la fortuna, se debe tener en claro la situación que se vive en el presente.

La libertad

Todos los seres nacen libres, sin idiomas, religión, cultura, dogmas o imposiciones.

La libertad es la capacidad de actuar bajo su autonomía, pero, la cultura, educación, adoctrinamiento, influencias, conceptos, credos, tradiciones e imposiciones, modifican la libertad.

Esto hace que la mente se «Entrene» con la influencia que recibe, coartando la libertad de descubrir sus capacidades.

El adoctrinamiento es, considerado, la técnica más destructiva de la libertad.

Desde el nacimiento, se acondiciona, moldea, limita, reprime la capacidad de ser, plenamente, libres.

Influencia

La existencia va integrándose con una cultura específica donde se nace, se adapta y acepta, la mente se cierra, considerando natural, lo impuesto.

El que nace en la miseria, acepta la miseria, considera que ese su mundo, el que nace en la riqueza, igual considera que ese es su mundo.

Esto se graba en su proceso de aprendizaje, sin importar que existan otras opciones, al final de un tiempo, se condiciona a vivir en esas condiciones, ignorando que existen otras alternativas.

Al recibir patrones de condicionamiento de manera repetitiva, terminan por crear bloqueos mentales, la libertad se ha perdido, se considera que así es la vida y no se puede cambiar, el miserable, piensa que su miseria es su tesoro.

La negación es el elemento más usado en la influencia, no haga, no vaya, no suba, no pase, no hable, no lo intente, eso no sirve, para qué, no lo necesita, etc.

Esas negaciones programadas crean barreras inexistentes difíciles de romper a lo largo de la vida.

¿POR QUÉ ME VA MAL?

Cuento para explicar el condicionamiento metal.

El cerrojo de la puerta

Érase una vez, en una casa donde habita una familia con sus tres hijos, en ella, existía una puerta especial que daba paso a un bosque encantado.

La magia del bosque consistía que cada árbol, ocultaba un deseo, para otorgar un destino de fortuna, riqueza y poder, al que bajo sus ramas se sentará.

Solo que, el que entraba al bosque encantando, jamás regresaba.

Antiguamente, en ese lugar, la gente llegaba, atravesaba la puerta mágica y, nunca retornaban.

Comenzaron las especulaciones, que el bosque estaba embrujado, que un monstruo los devoraba, la historia fue cambiada y todos pensaban, que la puerta era malvada, nadie más debía pasar.

Los cometarios e inventos lograron, que la esencia del bosque fuera olvidada y nadie más se atrevió a entrar.

Pasaron los años, la historia se perdió, la casa quedo abandonada, hasta que esta familia la ocupo.

El padre, algo temeroso, para evitar que sus hijos la puerta, abrieran puso como tranca, una descarga eléctrica, por si alguno el cerrojo llegaba a tocar.

Así, cuando se acercaban, al tocar la cerradura, la descarga los hacía saltar.

Después de unos meses, los hijos, ni por la puerta, pasaban, evitando acercarse, el miedo pudo más.

El padre quito la corriente, la puerta estaba abierta, pero, en la mente, el recuerdo de la descarga pudo más.

Pasaron los años, los padres murieron, los hijos envejecieron, los nietos, igual, evitaban la puerta porque ahí está el mal.

Un día cualquiera, una niña rebelde, que no le temía a la corriente, se le ocurrió intentar, giro el picaporte y la puerta se abrió.

Al frente, un bello bosque, apareció, mirando en el piso, estaba escrito, toda la situación y allí decía:

«Ya has entrado a tu nueva vida, busca el árbol que más te pueda gustar».

» Si lo encuentras una vida nueva tendrás, llena de riquezas, abundancia y prosperidad, serás tan feliz que no querrás regresar».

«Pero puedes hacerlo si quieres volver, solo tienes que dar, tres pasos al revés»

La niña se puso a pensar, porque los abuelos y los de antes de ellos, nunca supieron de ese gran poder, solo era abrir la puerta y ponerse a leer.

Así funciona el condicionamiento metal, imponer una creencia, repetir un patrón constante hasta que se vuelve un hábito.

La costumbre es adaptativa y nociva, lo peor que puede existir en cuanto con la libertad, si desde que se nace se duerme en una esterilla en suelo, muy difícilmente se dormirá en cama.

Sucede, con todo, analfabetismo, ruina, miseria, conformismo y, si a eso se le agregan las creencias de los dogmas, con supuestos premios, si se acepta la miseria, más difícil será cambiar.

De acuerdo con el cuento, la descarga eléctrica mental, es el concepto de «Pecado». La condena, fiscalización, juicios, constantes ante cualquier intento de liberación mental.

Nada es más fuerte que la manipulación para el sometimiento mental, este se logra mediante, promesas, ofrecimientos, premios, supuestos logros, futuros, pero con cumplimientos presentes.

De esta manera, se juega con la mente, castigos presentes, para premios futuros, los cuales nunca llegan. Al final de unos meses, la mente se acostumbra a «obedecer» a otros, dejando de ser autónoma.

Cuando se comprende que se ha sido manipulado, usado, estafado, controlado y sometido, el cambio es improbable, se requiere de fuertes estímulos para, romper los bloqueos existentes.

Al no hacerlo, la vida entra en un caos constante, en ocasiones, se busca el verdugo que le imponga las reglas, la vida se desperdicia.

Un animal que nace en el enjaulado, así se le dé la libertad, seguirá ejecutando las mismas acciones, morirá de hambre, su instinto ha sido anulado, no importa que tenga la presa al frente, está condicionado a recibir el alimento.

Dependencias mentales

La anulación total de la libertad tanto física como mental, las dependencias emocionales, son lastres, anclas, tan fuertes que se puede desperdiciar toda una vida.

Dentro del mundo de la magia antigua, haciendo alusión a la diosa Némesis, cuando la dignidad se pierde, toda la existencia se destruye.

La dependencia se logra, cuando se da de todo, se mantiene, entrega, se suplen necesidades, evitando e impidiendo que alguien descubra el poder de conseguir o darse a sí mismo.

Esto al comienzo, puede ser atractivo, no hay que esforzarse, la compensación es una vida vacía, pero, cuando las cosas cambian, no existe aprendizaje, carácter, dedición, esfuerzo, ante los fracasos se regresa, aun aceptando la humillación.

Todo esto influye durante la vida, la forma de educación, la pérdida de la libertad hace que el espíritu sea débil, frágil, ante una situación difícil se vence con facilidad.

Ante la pregunta:

)O(**¿Por qué me va mal?**

Es importante revisar, el contenido de su educación, forma de vivir, cultura, lazos con el pasado, obediencia familiar, sometimiento a los dogmas, credos o religiones.

Se debe evaluar, los lastres que existan en su mente, usted puede ser el causante de una vida sin suerte, ni progreso, ni éxito.

Bueno; su educación, aunque el tema es extenso de la cantidad de imposiciones que limitan la vida, ya posee una visión general.

Se debe hacer un alto, observar su vida como un espectador, evitando las emociones, con una mirada fría, reconocer las diferentes limitaciones que ha tenido.

Una de las evaluaciones que le pueden servir de ayuda es responder las siguientes preguntas con toda sinceridad y sin autoengaños o justificaciones.

* ¿Qué edad tiene?
* ¿Cuánto vale a hoy su patrimonio? No incluya, deudas, créditos, hipotecas, estudio, herencias, regalos, posesiones, etc. Su patrimonio es lo que usted ha sido capaz de obtener.
* ¿Cómo y que tan activa ha sido su vida sexual y, qué ha obtenido de eso o qué perdió?
* ¿Hoy en día, que estudio, técnico, profesional o conocimiento tiene? Y, que le ha aportado a su economía.
* ¿Está conforme con su conocimiento?
* ¿Está actualizado en el mismo?
* ¿Lo que usted posee, lo ha conseguido por su esfuerzo o ha sido entregado por otros?
* De acuerdo con su edad, ¿Qué ha hecho con su vida? Y, ¿qué ha hecho en su vida?
* ¿Qué tan libre y autónomo es?

¿POR QUÉ ME VA MAL?

* ¿Qué ha sembrado para cosechar? Recuerde, si no ha hecho nada, nada tendrá.

Las respuestas son una forma, para que vea otra perspectiva de su existencia.

Tomar consciencia de lo vivido, le permite comprender la situación por la cual atraviesa en la actualidad, si ha desperdiciado su vida, es una razón para estar mal.

No se puede culpar a nadie, es la realidad; de este presente hacia atrás, no hay nada que hacer, pero todo está por hacer, hacia el futuro.

Las soluciones son; iniciar acciones del cambio, bajo los principios y leyes de la magia, de esta manera, se reconstruye su libertad y, por ende, la vida se transforma.

Ahora, si ha aprovechado su vida, se encuentra con una serie de bloqueos donde el progreso ni la suerte llega.

Deberá evaluar lo siguiente:

* ¿Cómo ha sido últimamente su vida sexual?
* ¿Con quién o quiénes ha tenido problemas?
* ¿Cómo está su vida afectiva?
* ¿Considera que tiene enemigos o problemas con otras personas?
* ¿Ha considerado la brujería como causa de su cambio?
* ¿Cómo ha sido en el último año la administración de su economía?
* ¿Ha subido de peso?

Todo habla, da señales, si aumento su peso quiere decir que ha tenido un cambio en su rutina, algo comenzó a ocurrir que ha generado alteraciones y por ende la situación que vive.

En el evento, que haya tenido problemas afectivos o que haya sido promiscuo, puede obedecer a:

* Una infestación de energías.
* Una infestación sexual.
* Alguien puede estar usando magia en contra o brujería.

Infestación de energías

Un tema de vital importancia, junto con la libertad y con base en las diferentes decisiones tomadas, se puede caer en la infestación de energías, las cuales bloquean el fluir de la vida, creando barreras.

Puede que se haya llevado una vida de exigencia y dedicación, progreso, éxito y se obtenga la dicha y la fortuna.

Pero en un descuido, una mala decisión, una influencia externa, la suerte cambia, es la balanza de Némesis, que todo lo altera, llevando la vida a la polaridad contraria.

Este es un tema complejo, todo es energía, química, estimulo, repuesta, acción y reacción, atracción y repulsión.

Cuando, por alguna razón o por un evento desconocido, se pierde el equilibrio, todo se trastorna, puede que ocurra de forma paulatina u ocurra un evento espontáneo que destruye todo.

Nadie está exento de un dramático suceso que modifique la vida, una infestación de energías.

Todos los seres poseen una vibración única y específica, de acuerdo con sus estados emocionales y físicos, vibra en determinadas escalas.

Las energías se alteran al estar cerca de una que esté inestable, una persona de mal genio, sucia, mal arreglada, aun un perfume de aroma intenso.

Son variados los elementos que alteran la frecuencia en el plano físico y mental.

Mental

Es una infestación difícil de armonizar, requiere de tiempo, esfuerzo, dedicación y tiempo.

Las alteraciones mentales generan huellas o engramas, marcas que quedan plasmadas en el pensamiento.

Estos engramas producen determinadas conexiones neuronales, las cuales se alteran tanto voluntaria como involuntariamente.

En otras palabras, un episodio o experiencia traumática, imprime en la mente ese evento, con el tiempo resalta, aparece de manera constante, convirtiéndose en un eco difícil de controlar.

Una traición, violencia, accidente, muerte, aborto, fracaso económico, violación, infidelidad, conocer secretos destructivos, observar sucesos de alteración emocional, ejecutar acciones vergonzosas, tener complejos de culpa, asociar lugares con eventos negativos, guerras, terremotos, desastres, sobrevivir a un accidente, etc.

Al igual que las sugestiones destructivas, está gorda o gordo, usted es bruto, no sirve para nada, huele a feo, no debería existir, usted es nada, nunca debió nacer, cualquier tipo de insulto que destruye la autoestima, máxime si proviene de alguien con dominio, padres, novios, amigos, compañeros de trabajo, etc., marcan profundamente.

Y, mucho más, quedan plasmados en el recuerdo, esto se convierte en una especie de trauma o eventos postraumáticos, son los pensamientos que vienen de manera incontrolable reviviendo el suceso.

Este tipo de infestación mental pone en riesgo aun la vida, todo se bloquea.

La recordación repentina es la más difícil de tratar, no importa dónde o cómo se esté, el recuerdo llega acompañado de las sensaciones, pánico, miedo, angustia, dolor, vacío, desesperación.

Estos episodios pueden aparecer y desaparecer, alteran la mente, por ende, las energías, crean un serio conflicto en el progreso, la suerte se acaba, el fracaso llega, aumentando la zozobra.

De una o de otra manera, cada persona posee un nivel de tolerancia ante la influencia o alteración mental, para unos es más fácil lidiar con los eventos traumáticos.

Para otros, es algo que complica la vida, muy a pesar de terapias y tratamientos, caen en el alcoholismo, drogadicción, prostitución y abandono.

Infestación mental por brujería

La ciencia no reconoce este tipo de eventos asociándolos a una neurosis, ignorando algunos de los fenómenos paranormales como la telepatía.

✳ **Telepatía**, unión de dos sistemas nerviosos, separados por un espacio.

La brujería mental actúa sobra la psiquis, una influencia que se produce dentro del sueño, posterior repercute en estado de vigilia.

La influencia mental es un estado de trauma creado por la irradiación de un pensamiento, palabra, gesto, conjuro, hechizo, encantamiento o rezo.

Es tan fuerte el poder del verbo, en cualquiera de sus expresiones, que, un comentario destructivo, constante; a través de la alguna red social, destruye la tranquilidad. (*Véase el libro Oraciones Mágicas*)

Una influencia mental, acompañada de un ritual de magia, que afecta los sentidos, mientras duerme se está vulnerable a esa influencia.

La brujería va minando la mente, al inicio son pesadillas, sensaciones de presencias, olores fétidos, aromas a flores, tabaco, perfumes, sensación de sentir insectos en el cuerpo.

La infestación mental no tarda en causar daños físicos, el insomnio, la depresión, el cansancio físico, voces en la mente, sensaciones de abandono, dañan la vida.

No hay paz mental y, lo peor, enfermedades desconocidas aparecen, eso es un desgaste, visitando médicos, buscando alternativas, sin hallar respuestas. (*Véase el Libro Señales de Brujería*)

La brujería, solo se combate con brujería, de no hacerlo, llega a durar toda la vida.

Brujería Mental síntomas

- Mala suerte.
- Pobreza.
- Abandono.
- Enfermedades sin cura, ni causa.
- Profunda tristeza.
- Envejecimiento prematuro.

- Fealdad.
- Aumento de peso.
- Delgadez cadavérica.
- Bloqueos económicos.
- Abortos espontáneos.
- Infertilidad.
- Impotencia sexual.
- Frigidez.

Y, dependiendo del tipo de brujería, puede conducir a la locura, desespero en ocasiones fatal.

Existe la brujería destructiva, esta no tiene niveles de intensidad, la intención es destruir, son los elementos utilizados, lo que la potencializan.

¿Tiene protección o anulación?

Sí, la magia se combate con magia, el asunto es no dejar que el proceso aumente, control mental, ayuda, uso de contras o amuletos mágicos, baños, cierres de protección que deben ser creados por una bruja o un mago.

Estar atento con las señales, toda influencia mental de brujería no es espontánea, es un proceso lento, da señales desde el primer momento.

La gran mayoría de estas influencias, provienen de personas cercanas o quienes se tiene algún tipo de comunicación.

No se puede influir con brujería, sobre alguien que no se conoce. Debe existir algún tipo de puente de unión.

Maldiciones

Es un tipo de brujería de gran fuerza, se expresa bajo un estado de profunda alteración, las maldiciones son explosiones de energía, usadas como defensa ante un intenso sufrimiento.

Es una venganza directa, la máxima furia, desespero, angustia, todos los sentimientos alterados, concentrados en un decreto, una energía que se plasma en la energía de quien es maldecido.

Esto trasciende por las generaciones si la maldición así lo dicta.

La maldición va acompañada de una sentencia, al maldecir, se lanza el hechizo de lo que se espera que le suceda a quien la recibe.

También sirve como cerrojo de protección, en el caso de la tumba de Tutankamón, en la puerta se encontraba escrito:

«Maldito el que interrumpa el sueño de los muertos»

Y, parece que la maldición se hizo real, los que descubrieron el tesoro murieron, tanto es así que ocurren eventos paranormales en el museo de El Cairo.

De esta forma, se puede estar recibiendo una maldición, que fue impuesta a los antepasados, sin saberlo, es prudente observar, las condiciones en que se encuentran los familiares.

Tipos de maldiciones

- Para impedir el progreso.
- Para tener enfermedades que cambian con el tiempo.
- Colocar eventos cíclicos, como «Nunca tendrás más que un hijo vivo»
- La fortuna nunca llegará a tu vida.
- Nadie podrá amarte, jamás.
- Envejecerás por cada año, diez años.
- Nunca podrás ser feliz.

Más o menos, así es contenido de las maldiciones, el listado es infinito de deseos destructivos.

Ahora la pregunta, se puede maldecir para que otorgar el bien y la suerte, por ejemplo: «Te maldigo para que seas feliz en tu vida»

Sí, se pudiese, pero recuerde, la maldición nace de un profundo estado de dolor, solo puede irradiar dolor.

Al contrario, las bendiciones son sentimientos estériles y sin fuerza, se dicen más por costumbre, no tienen poder.

La bendición no puede anular una maldición, la una es intensa energía liberada, la otra, es una costumbre vacía.

El poder del verbo

El lenguaje en cualquiera de sus representaciones afecta la psiquis, hablado, escrito, gesticular, señas, iconos, etc.

Se graba en lo profundo de la mente, es la semilla que se reproduce en el pensamiento, lo negativo, violento, agresivo, despectivo, amenazante, sucio, denigrante, queda para siempre.

Los hechizos, conjuros, rezos, encantamientos, sortilegios impregnan la mente, estimulan, motivan, energizan, atraen la suerte. O, al contrario, destruyen.

Es valioso, conocer las influencias del verbo en la infancia, mirar dentro de la mente, los procesos vividos con las sugestiones recibidas.

En ocasiones la vida se torna difícil, se bloquean todos los procesos, no se puede avanzar, la suerte no existe, esto no obedece con una brujería o maldición impuesta.

La causa se encuentra en la información recibida en la infancia y juventud.

- Usted nunca servirá para nada.
- Bruto, bruta.
- A usted nadie la va a querer.
- Por bruto no conseguirá nada en la vida.
- Mire cómo está de descuidado, así será su vida.

Son variadas las expresiones que se reciben, de parte de la familia, eso produce una cicatriz en la mente y, aunque aparentemente se supera, en el fondo sigue persistiendo.

Es tan fuerte el impacto mental, que se convierte en un fantasma psíquico, está ahí sin aparecer y dura toda la vida.

Un terrible bloqueo mental.

A esto se le suma, los comentarios que reafirman el condicionamiento mental, cuando se reciben sentencias similares, en el colegio, profesores, compañeros, novios, personas con autoridad, médicos, abuelos, etc.

La consciencia las ignora, pero el subconsciente las mantiene vivas, así, ante el fracaso ya se tiene de antemano la convicción, que es un fracasado.

En el laberinto mental, todo queda oculto, perdura, se convierte en una enredadera que va limitando la vida en todas las áreas.

Algunas alteraciones físicas son reflejo de condicionamientos mentales negativos impuestos en la infancia y juventud.

Son procesos mentales que influyen sobre el cuerpo, alterando el funcionamiento normal, causan grandes perjuicios, complejos, limitaciones, pena, vergüenza, se reafirman y aumentan con el tiempo.

* Dermatitis o acné nervioso.
* Impotencia sexual.
* Frigidez.
* Dismorfofobia, la no aceptación de cuerpo, vagina grande, pene pequeño, obesidad, mancha en la piel, contextura, senos pequeños o grandes, cabello rizado o liso.

Todo lo que sea mal señalado por otros, se convierte en un complejo.

Se busca «aceptación social» cumpliendo estándares de estereotipos, eso crea un problema de aislamiento total y fracaso.

* Obesidad.
* Ninfomanía y promiscuidad.

(Desespero por la sexualidad, una forma de llenar vacíos)

- Distensión abdominal (Gases).
- Cistitis o goteo.
- Rinitis nerviosa.
- Alergias.
- Menstruos irregulares.
- Mal olor corporal.
- Mal aliento.

La mente afecta y altera el cuerpo, produciendo, afectaciones de nulo tratamiento químico.

Sí, la información negativa es generada en un momento de alta susceptibilidad, esto hace que la mente la acepte directamente afectando el ego.

En un encuentro sexual deseado y añorado, la pareja exclama:

- Tienes mal olor, no lo tomes a mal hueles muy feo.
- Si mira a la pareja con lástima, y dice; tu pene es muy chico, no lo puedo sentir.
- Tienes pésimo aliento, comete un chicle y rechaza un beso.

✳ Uy, qué son esos granos llenos de pus, que tienes en las nalgas, se me quitaron las ganas.

Esas expresiones en esos momentos quedan grabadas, generan malestar, vergüenza, incomodidad, en ocasiones y suele suceder en la gran mayoría, se hacen para minimizar a la persona, hacerla sentir mal, sin que realmente exista lo que se pronuncia.

El dilema de esta situación consiste en aceptar el veredicto de un tercero, sin tener consciencia de la realidad.

✳ Es difícil percibir el propio aroma.
✳ No existe un consenso sobre tamaños genitales, todos son normales.
✳ Los quistes sebáceos en las nalgas son normales.
✳ La halitosis o mal aliento, es común y normal, luego de una comida condimentada o daño oral.

Pero cuando no se tiene un conocimiento, se acepta la influencia, esto ocurre en todas las áreas de la vida, en el trabajo, universidad, aprendiendo a conducir, etc.

Si no se controla el pensamiento destructivo, se generan bloqueos o traumas que afectan la vida, se reprime, evita, aumenta el miedo de compartir, el daño aumenta y la vida fracasa.

No es brujería, es el poder del verbo destructivo.

¿Alguna vez ha sentido vergüenza?

La primera reacción es el enrojecimiento facial, luego sudoración, palpitaciones, daño digestivo, cistitis, menstruo espontáneo, el poder de la mente sobre el cuerpo.

¿Por qué le va mal?

Como lo hemos visto, existen un sinnúmero de causas ignoradas, que están dentro de su mente, son limitaciones, bloqueos silenciosos que hacen que usted fracase.

Encontrar la causa específica para su caso, es una tarea que le corresponde ejecutar.

Indagar en la mente, qué situaciones de las señaladas u otras no expresadas en este manual, han afectado su vida.

Entrenamiento mágico

Desde tiempos inmemoriales, en diferentes culturas, se han aplicado diversos métodos de interiorización, para lograr profundos estados de plenitud, este es uno de ellos.

Estado de Eudaimonia

El estado de plenitud, para ingresar a él, se debe ser consciente que:

✸ Se desea cambiar la vida que se tiene.

- Alcanzar ideales reales, no ilusorios.
- Reconocer el valor real de la vida.
- Comprender que, el pasado no se puede cambiar.
- Modificar en su interior, lo que considera un bloqueo.
- Aceptarse tal como es.
- No, aceptar las influencias de terceros antes de estar seguro, que son reales.
- Ser honesto consigo mismo.
- Tener el carácter, voluntad y dominio, para iniciar un cambio total.

Para ingresar a este estado específico se requiere, un lugar tranquilo donde no sea interrumpido.

- Para permanecer en este, por espacio de una hora.
- Practicarlo durante al menos 60 días seguidos.
- Preferible que no lo haga en su cama, puede dormirse.
- Evite ejecutar este estado luego de cenar.
- No use prendas ajustadas, preferible estar desnudo.

Se sugiere, durante los primeros diez días, ir aprendiendo la técnica; antes de entrar en su mente a liberar los engramas o episodios que generan bloqueos mentales.

Busque una postura cómoda, sentado, acostado, boca arriba o en poción fetal, trate permanecer quieto durante un tiempo prolongado.

Si puede, inténtelo en un espacio abierto, siempre que no corra ningún riesgo.

Si le es posible, use audífonos para escuchar un sonido que le permita concentrarse.

Estando cómodo siga las siguientes recomendaciones:

Paso 1

Respiración y relajación

✱ Inhale profundamente por la nariz, despacio, muy lentamente. Sostenga el aire.

Exhale, por la boca muy suavemente, la respiración es importante, va a hacerlo, por cada parte de su cuerpo, piernas, vientre, pecho, brazos, manos, cuello y cabeza.

Así que debe ejecutar siete inspiraciones profundas y siete exhalaciones suaves.

En la medida que lo hace, sienta su cuerpo al tiempo que relaja cualquier tensión.

Abandónese mentalmente, siéntase pesado, relajado, libre.

Paso dos

 Una las dos manos, por donde solo se toquen las yemas de los dedos, el Mudra de la plenitud.

Este será el conector entre su mente y su interior.

Con las manos en esta posición va a intentar sentir el palpitar de su corazón en la punta de sus dedos.

Concéntrese, inténtelo en este momento mientras hace esta lectura.

✳ No pase al paso siguiente, hasta que sea consciente que lo percibe.

Ahora, comience a separar sus dedos, pero siga sintiendo el palpitar de su corazón en cada uno.
Siga hasta separar las manos y continuar percibiendo su palpitar.

Ahora, haga lo mismo en los dedos de sus pies, piernas, muslos, genitales, vientre, brazos, sienes, orejas, ojos.

Inténtelo hasta que con solo pensarlo focaliza su mente y lo percibe en cualquier parte de su cuerpo.

Mire un punto fijo, pero concéntrese en observar el palpitar en sus ojos, con un poco de atención y algo de práctica lo logrará.

Dedique unos días solo a esta experiencia, cuando vaya en el transporte, este en el trabajo, entrene su mente, sentirá los beneficios de este ejercicio.

Cuando haya superado el paso anterior, ahora va a ingresar a otro universo.

¿POR QUÉ ME VA MAL?

Cierre los ojos y pase su mano frente a sus ojos cerrados, pero trate de seguir viendo el momento en que se ve la diferencia entre claridad y oscuridad.

Inténtelo mientras hace esta lectura.

Cuanto tenga unos minutos, deje la lectura, concéntrese en la claridad, en este punto va a ingresar a lo profundo de su mente.

Mire la claridad, busque el punto más lejano, es una cortina oscura, trate de mirar lejos en esa penumbra.

En un tiempo, podrá percibir que aparece una serie de colores, verde, morado, azul, al inicio como manchas.

Ahora depende de su mente y su concentración, relaje su pensamiento, cubra su visión con un color, al inicio hágalo libremente.

Cuanto más relajada este la mente, más fácil será.

Intente ahora, cambiar el color, se logra imaginando el color, el cual aparece como un punto lejano, lentamente invade su visión. Repita varias veces, hasta lograr voluntariamente cambiarlos con su voluntad, requiere algo de tiempo y práctica.

Cuando, haya logrado ser consciente de las dos experiencias, se inicia el proceso.

Fuera de lograr «Conectarse» con su ser interior, mente, recuerdos, bloqueos, temores, etc. Logrará desencadenar un gran poder mental.

Paso tres

Inicie ahora una práctica de toda la experiencia en conjunto, busque una posición cómoda. Preferiblemente acostado, pero, no en su cama para que evite dormirse.

Inicie con la respiración, mientras deja sus brazos relajados al lado de su cuerpo. Al tiempo, sienta el palpitar de su corazón en diferentes partes de su cuerpo, concéntrese en sus párpados.

Busque el color morado, sienta su corazón, cuando haya logrado tener un plano morado, busque el punto más lejano.

En ese punto, ignore su cuerpo y su palpitar, concéntrese en el color, en breve, aparecerán una serie de aros o espirales, que vienen o salen.

En este punto ha logrado un gran avance en su autocontrol, ahora, intente detenerlos, luego permita que fluyan más rápido o más lento, cambie de dirección, que vengan o salgan.

Va a intentar, que los anillos sean de otro color sobre el morado.

Paso cuatro

Debe concentrar su mente en comprender, cuando los anillos vienen, está proyectando su pensamiento, cuando los anillos salen, está recibiendo.

Los anillos vienen, su mente fluye, los anillos salen, su mente ingresa.

Debe buscar que los anillos o espirales salgan y se pierdan en fondo del color morado.

Cuando lo logre, estará en un profundo estado mental de éxtasis o samadhi.

No pretenda hacer todo en una sola experiencia, esto lleva tiempo, dedicación, se recomienda ir lento, paso a paso.

Al aprender a entrar en este estado, viene el proceso más importante, entrar en sus recuerdos.

La mente posee niveles de recordación, comience poco a poco, intente ir a recuerdo más antiguo que pueda tener, infancia, niñez, etc.

En este punto es prudente tener en cuenta que en todos existen «Recuerdos falsos» eventos que le fueron contados, se asumen como una experiencia real.

Si los encuentra y, no tiene dudas, considere que son falsos, ignórelos, haga un recorrido de sus recuerdos más marcados, sea consciente del efecto que tienen sobre usted.

Si le producen emociones, libérelas, sea consciente que está viviendo una experiencia personal, sin juicios ni condenas. (*Véase el libro El Poder de la Imaginación*)

Cuando aparezcan eventos traumáticos, no los anule, enfréntelos, piense que es un pasado, su vida continua por encima de esos sucesos.

Por dolorosos o trágicos, déjelos que fluyan, cuando esto suceda, busque sentir su corazón, respire, serénese, mantenga el recuerdo, pero, anule las emociones que le produce.

De esta manera, logra que esos recuerdos, aunque existan no lo afecten, en la medida que realice sesiones consigo mismo, ahondará más en su interior.

Al lograrlo, podrá desarrollar fenómenos como, la clarividencia, desdoblamiento, autoscopia, (verse a sí mismo) (*Véase el libro Desdoblamiento astral*)

De manera progresiva, aprenderá a controlar su mente y los fenómenos que libere.

Esto le permitirá reconocer, las habilidades o pasiones que posee, modificar bloqueos, liberar tensiones mentales, los episodios negativos, dejarán de afectarle, será más consciente del valor de su vida.

Recuerde, al ser su estado de relajación interior, puede terminarlo cuando lo desee, para salir de él, se sugiere que lo haga lentamente, solo necesita hacer consciencia del lugar en que se encuentra, similar a despertarse de un profundo sueño.

Si inicio con prácticas siguiendo los paso a paso, tendrá la experiencia y el conocimiento para hacerlo, no existe ningún riego, es similar a cuando duerme.

La diferencia, radica en que está consciente.

¡Advertencia! Es muy peligroso, hasta el punto fatal, inducir este estado en otra persona, usted puede liberar personalidades ocultas, altamente agresivas, que pueden terminar en una tragedia, incluyendo su vida.

En ningún momento, se recomienda ni se sugiere, este tipo de inducciones no existe una forma de saber que esconde la otra persona en su interior. Un peligro.

Sí, bajo su libertad, usted ejecuta este proceso, queda claro, que es su total responsabilidad y, como tal, asume las consecuencias de sus actos.

Conectarse con su ser interior

)O(**¿Por qué siento que todo me sale mal?**

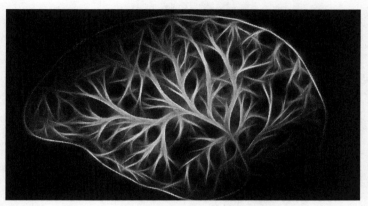

Una de las mayores causas por las cuales todo sale mal, consiste en **desconectarse de su vida**.

Esto ocurre cuando se permite que terceras personas influyan en sus decisiones, obedeciendo, directa o indirectamente.

Cuando tiene claro sus metas, está conectado con sus sentimientos, emociones, planes, tareas, proyectos, responsabilidades, etc.

Se mantiene en esa dirección, administra la vida, tiempo, dinero, acciones, posee la capacidad para renunciar, a los distractores.

Al tener claro, las diferentes prioridades, el avance es continuo, igual que el progreso.

La voluntad, disciplina y constancia, son de vital importancia en la consecución de las metas propuestas.

Esto solo sucede, si se está conectado consigo mismo, en otras palabras, mantiene el control de cumplir con lo que se ha impuesto.

Es aquí donde entra el juego del estímulo, motivación, premios y castigos.

Debe ganarse lo que desea, una salida, un paseo, una tarde de ocio, cine, cenas, diversión, etc.

Para disfrutar de ese «Premio» deberá exigirse con anterioridad, debe merecerlo.

Al hacerlo; acostumbra su mente a la exigencia, junto con trabajo bajo presión, pero, al tiempo, evita los eventos distractivos.

Así, al estar conectado consigo mismo, se conecta con sus responsabilidades, sin posponer ninguna.

Se premia, eso da orgullo, satisfacción, la motivación aumenta al ser consciente del avance.

Cada tarea cumplida día a día, le acerca más al triunfo, es la disciplina de los ganadores.

Desconectarse

Las diferentes distracciones llevan la mente a separarse de los planes, se comienzan a posponer tareas, se cae en la mediocridad de hacer las cosas mal, dejando sin terminar lo importante.

Es aquí otra de las respuestas del ¿Por qué le va mal?

Se desconecta de sus emociones, para conectarse, con otras.

En el proceso del trance, puede observar cómo su vida cambia, en la medida que da atención a otros estímulos, abandonando los suyos.

Dualidad

Se llega a tener la aparente capacidad, para manejar dos situaciones al tiempo, esto es una ilusión que termina siempre mal.

Tratar de conectar

- Emociones, con trabajo.
- Sentimientos, con estudio.
- Diversión, contra responsabilidades.
- Deporte, con pereza.
- Cocina, con televisión.
- Tareas, contra redes sociales.
- Concentración con distractores.

La lista es extensa, pero ya tiene la idea.

Esto ocurre, cuando se permite que lo no valioso prime sobre las obligaciones.

Su mente y gran parte de su vida, lentamente, se conecta con el placer, el dolor, las emociones, los problemas de otros, las deudas, amigos, diversión, etc.

Emociones y sentimientos

¿Con quién se está conectado?

Cuando se involucran los sentimientos, se conecta con otra persona u otras personas, amantes, novios, amigos con derechos, parejas paralelas, etc.

Un verdadero problema, la influencia que genera el placer inicial, se convierte en dedicación, estar pendiente, ayudar, compartir, disfrutar.

Ese placer adictivo atrae con fuerza, se entra con la sumisión, distrae y aleja.

Se desconecta de su vida y se conecta a otra vida.

Si la relación está en conflictos, ese dolor, da al traste con todo, no hay paz, la concentración se pierde, se aleja de su «Yo» interior para pensar en otro Yo.

Se renuncia en ocasiones a todo, estudio, trabajo, progreso, responsabilidades, por estar conectado con las emociones que le alteran.

Prioridades, es la clave, si se quiere progresar en la vida y que todo salga bien, se debe ceñir a estas, aprender a separar, emociones de metas y logros.

Toda la vida está sujeta con los pensamientos y, dependiendo con qué los conecte, hacia allá va toda su energía.

Pasa con todo, dinero, trabajo, estabilidad, amor, deporte, estudio, son innumerables conectores, dependen de las prioridades, organización, control y disciplina en el cumplimiento de las tareas.

Cuanto más tiempo pase, conectado a algo, más estará desconectado de sus logros.

Intentos

Es otro de los elementos que pueden responder ¿Por qué le va mal?

Conexiones fallidas, se conecta con un proyecto o programa, ir al gimnasio, comenzar un curso, abrir un negocio, iniciar una nueva relación, etc.

Se tiene toda la energía y el deseo, se hacen ilusiones, se imagina logrando las metas, pero, en muy corto tiempo, se desconecta de su deseo, para conectarse a otros.

Entonces asume, que ha fracasado, que tiene mala suerte, que nada le sale bien, ha intentado conectarse con muchas opciones, pero, no concluyó con ninguna.

Igual que los quiero, quiero un carro, quiero viajar, quiero estudiar, tener un buen trabajo, casarme, pareja, dinero, salud, un listado infinito de «quiero»

Ninguno se logra, esto ocurre por lo antes comentado, se conecta por breves momentos, luego se desconecta, para seguir conectado al pasado.

Al hacerlo, se entra en un juego de intentos fallidos, no se logra nada, no hay cumplimiento de prioridades, ni exigencia, la mente navega en un mar tormentoso de emociones, sin tener un norte claro.

¿Qué hay que hacer?

Desconectarse para conectarse

Parar

Hacer un balance de las diferentes situaciones que producen desgaste, distrayendo la atención, aléjese de: responsabilidades que no son suyas, personas tóxicas o desgastantes, diversiones innecesarias, relaciones tóxicas, evalúe prioridades externas a su vida.

Se debe replantear, analizar y concientizar, que; su primera prioridad es reconectarse consigo mismo.

Al hacerlo, modifica la vida, despacio, va notando sorprendentes cambios, al elegir un solo quiero, concentrando su energía en ese proyecto, dejará de irle mal.

Se requiere tomar decisiones en ocasiones radicales, evitando culpar a terceros de las situaciones que se han acumulado.

Se debe ser honesto consigo mismo, no es fácil desconectarse de algunas situaciones, menos si estas producen algún tipo de placer.

Pero, mientras estas persistan, seguirá desconectado, todo se complica y sale mal.

Al tener claridad de este suceso, evaluará las condiciones en que realmente desea estar.

Es similar con el deseo de bajar de peso, debe desconcertarse de los alimentos nocivos y, conectarse con una nutrición sana junto con el deporte.

Recuerde: no es algo que se da instantáneamente, se requiere de tiempo, los resultados se ven luego de 23 días.

Con base en lo anterior, algo que se debe evaluar, revaluar y, volver a evaluar, son los planes y decisiones, las que se han tomado y las que se deben cambiar, el tema más común la improvisación.

Improvisar

¿Por qué todo me sale mal? Por improvisar

La vida es una gran empresa, la mejor que puede existir, pero, requiere de una buena administración, así se evitan los fracasos, se aprovechan las oportunidades, se alcanzan logros.

Pero, el afán de obtener hace que se tomen decisiones impulsivas, las que se convierten en desaciertos, se pierde, dinero, tiempo, trabajo, juventud, vida, en pos de una equivocación.

La improvisación, ejecutar acciones sin ninguna planeación, crea una de las anclas más difícil de liberar, la terquedad de mantenerse en lo que no le sirve, ni le aporta.

Para comprender por qué le va mal, se deben evaluar varios ítems, estos, permiten tener una visión clara de las condiciones en que se encuentra.

✸ Ha improvisado.

* Al ver que algo fracasa, sigue improvisando, buscando solucionarlo.
* Busca soluciones rápidas sin medir consecuencias, créditos, préstamos, esperar a ver que pasa.
* ¿Acepta promesas con la esperanza que todo mejore?
* Se empeña en luchar y seguir, sin evaluar que es estéril hacerlo.

Esto puede servir de ayuda, al comprender en que se está fallando.

Nace una idea, se convierte en capricho, se suple mediante la acción. Es este punto, donde se comienza mal.

Decisiones equivocadas

Al tener una idea se tiende a crear sin pensar, ni evaluar consecuencias, se cae en la improvisación.

Esto aplica en todas las áreas de la vida, economía, estudio, negocios, relaciones afectivas, matrimonio, hijos, habitación, compra de inmuebles, automóviles, créditos bancarios, etc.

El afán, la ansiedad, el miedo, junto con el deseo, la ilusión, de realizar o tener, hace que no se piense en las consecuencias.

Es quizá el acto que conduce al fracaso más rápidamente, pero dura tiempo en reconocerse, se inicia un negocio, se acepta un crédito, una nueva relación.

Se comienza con entusiasmo, se crean empresas, si la más mínima logista, miremos.

Se necesita un local u oficina:

* Se busca uno que le guste.

- Que tenga ventanas y luz.
- Uno, que le recomienden.
- Que sea barato, para comenzar.
- Que la administración no sea cara.
- Una oficina pequeña.
- Que no quede lejos del transporte.
- Cerca de un restaurante.
- Que tenga parqueadero.
- Que sea cerca de un salón de belleza, etc.

Todo menos lo que realmente se necesita

Primero, ¿Qué tipo de negocio o empresa es?

- ¿Cuál es el mejor lugar para iniciar?
- Cerca de bancos, oficinas de mensajería.
- Notarias.
- Juzgados.
- Centro de negocios.
- Tránsito de personas que les interese el producto.
- Talleres, confecciones, universidades, hoteles, etc.
- Cuando se tiene una idea, esta, se debe complementar con lo que le sea afín, una buena idea en un lugar equivocado es un fracaso.

❋ Un negocio, donde ya hay varios de lo mismo, es un fracaso.

❋ Una oficina de abogados, lejos de los juzgados, crea problemas.

❋ Huir del costo del arriendo y los beneficios, ya es un fracaso.

Toda idea da frutos, si se siembra en el lugar indicado, algo que toma tiempo en germinar.

Esto se logra, si se evita improvisar, un estudio de factibilidades, pro y contras, no solo la idea, sino el entorno en donde se va a realizar.

Conocer las debilidades y fortalezas, el efecto que se tendrá en transporte, manejo de productos, consumos, la agilidad, competencia.

¿Qué considera que su producto o servicio sea mejor que otros?

¿Realmente conoce del negocio o la decisión que va a tomar?

Muchas personas inician negocios improvisados, sin conocer los mismos, caprichos o deseos de inspiración.

- ✷ Voy a montar una panadería, pero no es panadero ni sabe del tema.
- ✷ Un salón de belleza, pero no sabe de belleza.
- ✷ Un restaurante y, no sabe cocinar.

El lema… «Yo aprendo rápido»

Esa es una de las peores equivocaciones, que terminan en totales fracasos.

Así, ocurre con todo, compra de un carro, porque me gustó el color, la silletería, trae tecnología, pero, pocas veces se tiene en cuenta, motor, consumo, potencia y lo importante, para qué lo necesita.

Una relación pareja: igual, me gusta, me siento bien, es buena gente, es linda, tiene buen cuerpo, tiene plata, con el tiempo el amor llega.

Una casa: Es barata, una ganga, eso lo arreglamos, es un buen negocio, está bien ubicada y, ni siquiera se revisan los documentos, mucha gente termina estafada, perdiendo sus ahorros.

Estudio: Es una buena carrera, no tiene matemáticas, lo que sea por estudiar, si no me gusta me cambio de carrera, es para complacer a mis papás, es por el viaje, etc.

Pero pocas veces se evalúa, futuro, oferta y demanda, tiempo, inversión, etc.

Costo y beneficio

)O(**Para que no le vaya mal**

En todo lo que se realice o se vaya a realizar, planes, proyectos, estudio, inversiones, relación pareja, compraventa, viajes, en todas las cosas de la vida debe prevalecer el costo beneficio.

Qué doy, qué obtengo

Antes de tomar decisiones, se debe evaluar, que se recibe o se va a recibir a cambio de lo que se entrega o se hace.

Eso aplica en cualquier situación **«Todo aquello que no produzca, no sirve»**

Se debe evaluar lo intangible, el tiempo, dedicación, gasto energético, atención, obediencia, renuncia a las tareas, por cumplir otras.

* El caso de una relación pareja de años, que nunca ha producido nada, pero si ha demandado mucho.
* Un negocio, que no sirve, años intentando.
* Un matrimonio, fracasado, sin progreso ni avance.

- Un carro viejo, que siempre se quiere arreglar y ya no sirve.
- Una casa vieja que solo genera gastos.
- Tener personas dependientes, que no ayudan en nada.

En la magia, existen leyes y reglas, nada gratis, la compensación es lo que permite el progreso y el avance, no se puede producir nada de la nada.

Algo por algo, es la ley.

No importa si es de diferente especie, pero, solo quien aplica este principio natural, logra que no le vaya mal.

Esto debe ser en todo.

- Si da, que recibe.
- Si hace una labor, qué obtiene.
- ¿Si entrega; tiempo, atención, recursos, ¿cuál es la retribución?
- Si presta ¿Cuál es el interés que recibe?

Ahora, los sentimientos acaban con el costo beneficio, dar por dar, es un pésimo negocio.

Al no recibir nada y si dar, simple se termina sin nada.

Esto ocurre cuando se improvisa y no se piensa, para recibir, se deben tener claro que se desea, utilizas las estrategias para obtener lo dado más ganancia.

Eso es el progreso, invertir poco y ganar más y, no al contrario, dar mucho sin tener nada.

Es de vital importancia tener esto presente, si le va mal, revise qué da y qué recibe, puede que encuentre algo que no esté en equilibrio.

- ¿A cuántas personas ayuda?
- ¿En qué gasta su dinero?
- ¿Qué beneficio tiene de su relación?
- ¿En qué considera que desperdicia su tiempo?
- ¿Gana lo que, realmente, merece?
- ¿Cuál es su gasto energético, vale la pena?
- ¿Qué le quita tranquilidad y vida?

Un buen momento para recomendar el libro Cómo alejar lo tóxico.

Terquedad y autoengaño

Dos situaciones que van unidas con la improvisación, cuando se inicia algo sin tener planes, proyectos, ejecución, se cae en la terquedad.

Luchar, exigirse, desgastarse, solo por terquedad en lo que no sirve ni aporta.

La terquedad es el capricho mental de sostener en el tiempo situaciones estériles, a pesar de razones lógicas, pruebas, demostraciones, la mente se ancla en un estado inamovible.

Se ciega la razón, se mantiene una posición y se defiende, sin aceptar la equivocación, es cuando se cae en el autoengaño.

«Yo sé y usted no» se crean historias ilusas de posibilidades en el tiempo, se suponen éxitos difíciles de alcanzar, se considera que entes divinos van a solucionar. (*Véase el libro que se volvió millonario por un tornillo*)

El autoengaño nace con los dogmas y las creencias, aceptar, sugerir, creer, qué dios o el diablo, que no existen, van a arreglarle la vida.

O, suponer que, en el futuro, ocurrirán eventos salvadores.

El problema grave de esta situación, al estar la mente nublada, más se improvisa buscando mantener lo que sirve.

Se desperdicia tiempo y dinero, en espera de los cambios, se asumen más compromisos, con la convicción que todo va a cambiar.

Pero, la realidad es otra, no se aceptan los balances que demuestran que es una lucha infructuosa y se ha fracasado.

✳ Un negocio que no da resultados en un año, ya no lo hará.

✳ Una profesión en la que no se consigue trabajo en tres años, ya no sirve, deberá actualizarse, pero si no consiguió antes, ahora menos.

✳ Un matrimonio que no progresa en dos años, ya no lo hará. Es simple, si empezando no se construye nada, menos al avanzar se logra algo.

✳ Un trabajo que, en dos meses, no compensa con el esfuerzo, es un desgaste innecesario, se queda por lo poco, abandonando el esfuerzo de buscar algo mejor; conformismo.

✳ Esperar que los cambios se produzcan en otras personas o situaciones, sin buscar los propios, siempre es fracaso.

✳ Mantener un desgaste por capricho, es fracasar con ese capricho.

Cambios

Al comprender, las diferentes situaciones donde la improvisación ha sido el origen de lo que está mal, se debe replantear el futuro, esto se logra haciendo una pausa, colocar un alto en la vida y revaluar.

- ¿En qué situaciones se está anclado?
- ¿Cuánto hace qué no progresa?
- ¿En cuánto dinero asciende su deuda diaria y mensual?
- ¿En qué gasta el fruto de su esfuerzo?
- ¿Qué recibe a cambio?
- ¿Qué obtiene de retribución de las personas o cosas a las que le da?
- ¿Considera que tiene responsabilidades que no le corresponden?
- ¿Cuánto de su trabajo, dinero o acción, lo entrega a quienes no hacen nada?
- ¿Cuánto lleva en la situación de desgaste?

Al hacer un balance, con una verdadera consciencia, puede dilucidar, exactamente en que condiciones se encuentra su vida, de esta manera, iniciar los correctivos.

Valorar, su tiempo, dedicación, esfuerzo, trabajo, capacidades, exigencia, constancia, contra lo que recibe a cambio.

Puede que suene a un interés desmedido, pero, no lo es, el equilibrio debe permanecer, de lo contrario, su progreso estará reducido, aumentando hasta no tener. Sin duda, usted estará mal, mientras otro u otros, estarán bien, gracias a su esfuerzo.

Se debe reflexionar, seriamente, sobre estos eventos.

Al hacerlo, implementar los cambios, iniciar un proceso de reeducación, lo cual le creará conflictos tanto internos como externos.

Debe medir consecuencias en el corto, mediano y largo plazo de permitir que esto continúe en su vida.

Al cambiar la improvisación por planeación, reestructura el futuro, las modificaciones no son negociables, solo una actitud de control auténtica, que se mantenga en el tiempo, mostrará grandes cambios.

El dinero no se esfuma, siendo el activo más valioso, lo único que permite un progreso económico brindando estabilidad a la vida, debe ser administrado con sabiduría.

Ganarlo, requiere de esfuerzo, gastarlo requiere de un impulso, costo, beneficio, es la clave de la administración.

Plan B

A diferencia de la improvisación, la planeación tiene como base los planes alternos de apoyo o rescate, conocidos como plan B, C, etc.

Al invertir, energía, dinero, tiempo, sentimientos, trabajo, esfuerzo, etc., la compensación debe ser **redundante**, esto quiere decir, que, si se hace una nueva inversión o gasto, al tiempo se debe crear un nuevo ingreso.

Así, si la intención es adquirir una vivienda, al tiempo se debe crear algún tipo de negocio, trabajo, que genere ese ingreso y supla ese gasto.

Es la única forma de mantener el equilibrio, de lo contrario, los gastos serán mayores que los ingresos, al tiempo, se fracasa en todos.

Cuando se improvisa, se adquieren compromisos simultáneos, generando deudas, más intereses, abrir un negocio con un préstamo, debe responder por el préstamo más intereses, perdiendo el esfuerzo o labor.

Ocurre de forma similar en todas las acciones, relaciones de pareja, negocios y, demás.

En la planificación, se evalúa el tiempo requerido para que un acto genere ganancias. Mientras esto ocurre se debe tener un soporte de respaldo, para los imprevistos.

)O(**¿Por qué me va mal?**

La falta de planificación, no tener los objetivos claros, no recibir la contraprestación con ganancias, gastar más de lo que se gana, hipotecar el futuro, acumular deudas, son elementos que llevan al inevitable fracaso.

Al hacer un alto, revise el estado presente en que se encuentra, con qué cuenta para reiniciar el futuro, tome decisiones asertivas, replantee, renuncie a las responsabilidades que no son suyas.

Identifique las cargas, coloque en su vida, reglas, lineamientos y cúmplalos, en corto tiempo verá grandes avances.

Justificaciones

Es qué, la repuesta que justifica el no hacer, algo que debe evitar, cuando se está procesos de cambiar la vida, son los escudos, que tapan las equivocaciones.

No justifique, enfrente, aprenda a ser claro y sincero, si se equivocó, falló, olvidó, cometió errores, tenga la capacidad de aceptar, sin colocar un escudo que trate de justificar el no actuar.

Al acostumbrar la mente a buscar excusas, igual se acostumbra a seguir fallando, sí, al contrario, reconoce, sus errores, comienza a evitarlos, por ende, su vida tendrá otra dirección.

Se debe combatir la negación, es el primer impulso de defensa, colocar barreras para no afrontar responsabilidades es una característica del fracaso.

Igual que la mentira, crear historias para transformar la realidad, terminan creando innecesarios conflictos.

Al contrario, mediante una práctica constante de autocontrol, por encima de cualquier concepto, se asumen las consecuencias, con carácter, aprendizaje, seguridad, se enfrentan los sucesos sin buscar refugios.

Esto hará que su vida tenga un control diferente, evitará cometer errores, tendrá un pensamiento crítico antes de actuar, sin duda sus decisiones serán asertivas.

Al crear justificaciones, también se crean guiones o patrones establecidos, una especie historias que son usadas de acuerdo con el momento.

Esto desarrolla una gran imaginación, respuestas rápidas, asociaciones para dar explicaciones convincentes, manipulación para obtener beneficios, argumentos ficticios.

Vivir en esa situación, excepto que la use para escribir novelas o dramas, es crear un mundo fantasioso que, irremediablemente, terminará mal y en frustración.

Llevar a la acción falsedades y mentiras, tener pruebas falsas, certificados, estudio, registros, identificación, etc.

Puede que, al comienzo, se obtengan beneficios, pero, algún día, todo se derrumba y, la caída es tan intensa, que difícilmente podrá levantarse.

Ampararse detrás de una falsa seguridad, es tener toda la inseguridad.

Al contrario, es preferible exigirse y lograr honestamente lo que desea, puede que le cueste un poco más de tiempo, pero, evitará las caídas y, por ende, la ruina.

))((¿Por qué me va mal en el amor?

Uno de los temas que más atañe con la vida de todos los seres, el amor.

No es solo el sentimiento, el amor encierra un abanico de esperanzas, estabilidad, futuro, familia, crecimiento, logros, en sí, la existencia.

La familia es la base de la sociedad, dice un adagio, pero el fracaso en el amor es la destrucción de las ilusiones, desestabiliza, anula, destruye, todo sale mal.

Existen preguntas que forman una gran parte del futuro, las respuestas, para algunos son descabelladas, para otros, una opción.

- Se puede vivir sin amor.
- Una vida solitaria es mejor que una con compañía.
- Se deben tener hijos.
- La soledad es destructiva.
- Sin familia, la vida vale la pena.
- ¿Encontraré el amor de mi vida?
- ¿Tengo defectos que no conozco y por eso me va mal en el amor?

Son variados los interrogantes que hoy se presentan, en la toma de las decisiones que forman el futuro.

La vida en pareja siempre será mejor que la vida en solitario, una vida ermitaña, termina en la peor de las rutinas, se vuelva vacía, nula, se escapa de la realidad, afectando la mente.

Pero, una vida en pareja; llena de conflictos, inestabilidad, discusión, abandono, sometimiento, falta de apoyo ¿Vale la pena?

Son dos extremos, solo o mal acompañado, otro adagio, es algo que hace que todo salga mal.

Una relación estable, feliz, armoniosa, llena de virtudes, el ideal de pareja, hasta el fin de los tiempos, es una quimera, en la actualidad, muy difícil.

Antes, en otras épocas, las relaciones duraban toda la vida, la mujer, debía renunciar a su condición, para mantener la familia unida.

En la actualidad, el concepto ha cambiado, no se necesita tener hijos para realizarse como mujer u hombre. (*Véase el Libro El Poder de la Menstruación, La Piedra Filosofal, El Quinto Elemento*)

No se necesita una relación para lograr, éxito, fortuna, reconocimiento y una buena vida.

El estar solo, es una opción valedera y viable, sí, se sabe convivir con la soledad. Igual, en el envejecimiento, se estará solo.

Los paradigmas han cambiado, nadie va a renunciar a ser, para que otro, sea. La búsqueda del amor es una de las tareas más difíciles de lograr, la convivencia, la tolerancia, el respeto, la lealtad, son valores, que, cambian con el tiempo, en ocasiones con rapidez.

Se quiere encontrar alguien que ame, que sea divertido, inteligente, trabajador, entregado, que reúna un sinnúmero de virtudes o alguien solo para compañía.

Pero, únicamente es fracaso tras fracaso, las relaciones no perduran en el tiempo, es un factor que lleva a la desilusión. Ahora mujeres y hombres, pocos asumen compromisos afectivos, hay una tendencia con la libertad sexual, evitando las dependencias.

Las experiencias de otros, familiares, vecinos, amigos, famosos, la lectura del dolor, traición, infelicidad que cubren las redes sociales.

Crean barreras mentales, ver el sufrimiento de amores que terminan, predisponen a evitarlo.

Los intereses han cambiado máxime cuando los compromisos económicos son compartidos, en esas condiciones es mejor vivir solo.

Y, no es que no exista el amor, claro que sí, por ahora es complicado encontrar, no quién ame o dé, sino amar y dar.

Son dos cosas diferentes, cuando se piensa en recibir todo se desea, pero, cuando se piensa en dar, la situación cambia.

Hoy priorizan otros intereses individuales.

- Estudio y capacitación.
- Viajes y disfrute.
- Independencia económica.
- Independencia de credo.
- Independencia sexual.
- Libertad.
- Compromiso individual.
- Estabilidad financiera.
- Propiedades.
- Menos endeudamiento.
- Menos compromisos afectivos.

* Mayor disfrute la vida.

En estas condiciones, durante un tiempo se desea la estabilidad individual, contra el compromiso de pareja.

Se disfrutan las compañías, se vive sin asumir responsabilidades afectivas, se progresa, en ocasiones se tienen hijos sin convivencia.

)O(¿Por qué me va mal?

Interés primario: solventar la economía formando un hogar, un concepto arraigado e impuesto por los dogmas, tener esposo que mantenga, así la soltería se convierte en un estigma. Tener mujer mamá para que atienda. Es la idea creada por las religiones.

El afán de matrimonio no es sinónimo de estabilidad futura. Al contrario, las estadísticas demuestran la inestabilidad doméstica, son más las parejas que se divorcian, que aquellas que se casan.

A nadie le va mal en el amor, solo se tienen altos estándares que no se cumplen.

El afán de la vida, el logro de metas, la independencia económica, el estudio, especialización, etc., requiere de exigencia y tiempo.

Una relación afectiva necesita de ese tiempo, de lo contrario los espacios de ausencia, terminan por destruir la relación.

Ahora, quien desea progresar, difícilmente se compromete, su prioridad es su avance.

El que no quiere su avance personal, dese encontrar quien supla sus necesidades, por compañía o relación.

Se debe ser consciente que; solo se logra una relación afectiva estable, cuando los dos se encuentran en el mismo nivel y han conquistado sus metas.

El amor actual dista del amor romántico del pasado, aunque sea un deseo interno de encontrarlo.

La realidad es otra, mujeres abandonadas con hijos, sin lograr ningún avance individual.

Hombres abandonados, viviendo un drama, sin estudio, ni estabilidad económica.

Vidas a la deriva, vejeces infelices, hijos sin oportunidades o mala crianza.

¿Cuánto dinero vale criar y educar a un hijo?

Eso se evalúa constantemente, no es tener hijos y familia por tenerlos, de no existir estabilidad económica se tiende al fracaso.

Y, aún, teniendo estabilidad financiera, el amor deja de existir, algo que se está dando en todos los niveles sociales, millonarios, famosos, profesionales, deportistas, etc., terminan en divorcios.

La razón, el mundo actual, redes sociales, información, dinamismo, crecimiento individual, oportunidades, rutina, desgaste, ausencias prolongadas, socialización, compromisos sociales y profesionales, etc.

¿No se puede ser feliz?

Sí, claro que se puede y sin duda se busca la felicidad, nada mejor que encontrar una compañía en el viaje de la vida.

Para esto, deben existir otro tipo de intereses, los cuales aparecen, después de haber logrado las metas individuales. De lo contrario, se puede tener una pareja, siempre que no haya relación de compromiso, sino libertad.

Hoy, cada uno busca su desarrollo individual, al hacerlo, no hay cabida para una relación en ocasiones absorbente.

Algo difícil de lograr, hombres y mujeres, buscan encontrar con quién compartir, pero, luego de un tiempo, se repite la misma situación.

Intentos fallidos ¡No fracasos!

Ahora, dependerá de que tanto se haya avanzado en la vida, si no se tienen logros, solo se podrá conseguir o compartir con personas, que tampoco los tengan.

En ocasiones, ocurre que, los cuentos de hadas se convierten en realidad, hombres ricos con mujeres pobres, hombres pobres con mujeres ricas. La novela rosa de la vida.

Nadie sabe si terminan en «Y, fueron felices»

Hallar la pareja ideal, se requiere de lo contrario a lo que hoy se vive, conocer, compartir, tener constructo como pareja, tiempo, dedicación.

Infortunadamente, existen relaciones de una noche, las cuales difícilmente perduran en el tiempo.

A nadie le va mal en el amor, solo que, el sentido del amor ha cambiado por otros intereses, una relación romántica, existe, sin duda, difícil de encontrar.

¿Por qué me va mal en el hogar?

Las parejas establecidas que ya tienen un compromiso se enfrentan con los cambios, la mujer ha despertado, busca su progreso e independencia económica.

Ya no es ama de casa, tiene compromisos, trabajo, crecimiento personal, ausencias prolongadas, prefiere autorrealizarse a ser madre hogareña.

No es que no se pueda, solo son decisiones que se deben evaluar con sabiduría, trabajo, gestación y hogar, es una alta carga.

Una mujer que está progresando como profesional, capacitándose, logrando sus metas y objetivos, no renunciará tan fácilmente.

Algo que a muchos hombres les llega a incomodar, pero, tampoco tiene cómo suplir todas las necesidades, esto hace que se entre en conflictos.

Las deudas, los celos, las dificultades económicas, las amistades, la influencia de familiares, redes sociales, amigos cercanos, competencia entres esposos por ganar más, descuido físico, abandono, desorden y suciedad, etc.

El manejo de las decisiones es difícil, cada uno tiene, intereses individuales y puntos de vista diferentes.

La falta de planes concretos, la improvisación, la rutina, el desamor, la convivencia, los problemas de pareja, el sexo, la intolerancia, van minando la relación.

Se adaptan, tratando de mantener el hogar, hijos, compromisos económicos, etc., la gran mayoría, termina en el cansancio, luego la decepción, el aburrimiento, se agota la espera de un cambio que no llega, se termina en la separación.

Un común denominador en la actualidad, obvio toda regla tiene su excepción, con el tiempo algunas parejas logran encontrar el equilibrio, respetan los espacios, organizan tiempos, trabajan en ayuda mutua, se sostienen a través del tiempo.

El fracaso del hogar afecta todas las áreas de la vida, el proceso de separación es traumático, perturba la mente de formas diferentes, la salud, economía e intimidad. Fuera de ser largo, tedioso e inestable.

La convivencia requiere de un constante diálogo, es el único medio para no perder el equilibrio, pero, si este se convierte en discusiones, sin duda se tiende al inevitable divorcio.

)O(¿Por qué le va mal en el hogar?

Se debe evaluar a sí mismo, de una forma sincera, hasta dónde se es el causante, cuál la actitud que se tiene, cuáles son los verdaderos intereses.

No es buscar culpar al otro, es primero ser consciente de las acciones que se ejecutan en contra del otro.

Luego de esa meditación y teniendo en claro sus actos, no juzgue, ni piense en las acciones de su pareja, evalué, en el balance del hogar.

✳ ¿Desde qué está con su pareja, cuál ha sido el avance y progreso de su vida, como persona?
✳ ¿Su vida, ha mejorado o empeorado?
✳ ¿Si pudiera volver al pasado, lo volvería a hacer?
✳ ¿En su relación pareja, se ha llegado a la violencia física?
✳ ¿En su relación, se ha llegado a la violencia mental?
✳ ¿De acuerdo con el presente, como ventila su futuro?
✳ ¿Cuáles son las virtudes de su pareja?
✳ ¿Cuáles son los defectos, de su pareja?
✳ ¿Cuáles son sus virtudes?
✳ ¿Cuáles considera sus defectos?

Este tipo de balances ayuda a tener en claro, cómo está su relación pareja, las repuestas las tiene al mirar, que avance y futuro, encuentra en su relación.

Todos los ítems tienen la función de mejorar la relación, excepto la violencia, que requiere de asesoría legal, la cual es totalmente inadmisible.

En caso de que exista en su relación, violencia física o mental, discriminación, insultos, maltratos, amenazas, humillaciones, violación, irrespeto, sometimiento, o cualquier forma de esclavitud y abuso.

Debe acudir a estancias legales, no dude en tomar decisiones a tiempo, la violencia en cualquiera de sus expresiones puede terminar en tragedias.

Sugerencias

Mujeres y hombres.

- Valen más los actos, que las palabras.
- Otra oportunidad; es una frase infinita, tome decisiones.
- No considere la promesa verbal como una verdad, fije un tiempo y evalué los actos.
- El respeto no se impone, se gana.
- Al primer intento de violencia, haga un alto prudencial en su relación, piense en su futuro.
- No acepte la mentira, vivirá en el engaño.
- El dinero debe ser manejado por los dos.
- No haga concesiones ni negocie, responsabilidades.
- El apoyo debe tener un límite.

- Aléjese de las familias.
- Recuerde que usted tiene una sociedad, el 50% es suyo y tiene derecho sobre su patrimonio, empresas, recursos, etc.
- No permita ser aislado de la administración de su parte en la sociedad.

Rutina y sobrecarga de responsabilidad

Sin duda alguna, los elementos de mayor conflicto en el hogar, la rutina, costumbre, falta de tiempo, dinero, el cuidado de los hijos, termina por aburrir.

La economía es un factor de total importancia, sin este recurso, las deudas, la escasez, mala alimentación, los compromisos, cuotas, servicios, gastos inesperados, etc.

Al no poder suplirlos, se convierte en discusiones constantes, la presión entre lo que se necesita y no hay, llega a extremos violentos, no existe tolerancia que perdure, si la situación es constante.

Al no existir progreso, se cae en el conformismo, pero, las críticas externas, comparaciones, la anulación de los deseos, se termina en buscar cambios y salidas, que llevan a conflictos difíciles de manejar.

Responder por un hogar sea la mujer o el hombre, no es una tarea fácil, el amor cambia, las personas se acostumbran, se pierden otros valores que hacen que la pareja mantenga viva la llama de la pasión.

La sexualidad termina en problemas, el cansancio, estrés, falta de tiempo, el descuido físico, va minando el deseo, la relación se enfría por la falta de afecto.

Si los dos trabajan, la estabilidad económica aumenta, pero, otras áreas domésticas se descuidan, esto, genera otro tipo de rutina, que a la postre termina en divorcio.

¿Qué hacer?

Buscar tiempos para compartir, tener en claro responsabilidades, saber independizar, hijos, trabajo, compromisos de la relación pareja.

Al comprender que se tienen una relación, esta debe ser la prioridad, por encima de las demás cosas, si se descuida, con el tiempo muere.

Existen diferencias entre la mujer ama de casa y la mujer trabajadora.

Ama de casa

✳ La mujer ama de casa, requiere de mayor apoyo, atención, tener algo más de lo necesario.

✳ Suplir todas sus necesidades, teniendo en cuenta que ella no devenga ningún ingreso.

✳ Programar espacios fuera del hogar, todas las semanas, no una vez al año.

✳ El trabajo doméstico es el más mal agradecido, genera mayor desgaste y nunca está en orden.

✳ Es altamente agotador.

✳ La crianza es una responsabilidad que anula las demás labores.

El listado es interminable, ahora **¿Qué piensa la mujer ama de casa?**

Depende del esposo en cuestiones económicas, pero es responsable del hogar, hijos, esposo, alimentación, orden, control, etc.

Si las condiciones no son buenas, la rutina ha llegado, la situación económica es precaria, ella preferirá trabajar, no solo para ayudar, sino para escapar.

Las mujeres hoy recurren a guarderías, abuelos, contratan ayudantes, quieren a toda costa la independencia económica.

Solo, que el esposo le permita el manejo económico, así como la posibilidad de trabajo, realización, estudio, crecimiento personal, el ama de casa se estabiliza.

Pero, es totalmente inaceptable, que el **«esposo le permita»** ese es un tema que perdura como sinónimo de sometimiento, el esposo manda la mujer obedece.

No, ahora es diferente, no manda ninguno, los dos tiene los mismos derechos y obligaciones.

Pero, cuando esto no se ha manejado, sin duda el hogar va muy mal.

La mujer trabajadora

Una relación difícil de llevar, esta queda en un lugar aislada, la relación se transforma, los dos tienen compromisos, espacios, responsabilidades fuera del hogar.

Si no trabajan juntos en la misma labor, las ausencias, la falta de un horario, torna difícil la convivencia, se termina en relaciones de fin de semana.

Igual si hay hijos, la situación se complica para los dos, ¿Quién los lleva? ¿Quién los trae, quién va, cuando los necesitan?

Un lío, al inicio se busca el equilibrio, uno y otro se reparten roles, pero, al tiempo llega el cansancio, la interrupción en el trabajo, se opta por contratar, niñeras, choferes, etc.

En esas condiciones ya no existe relación, puede que al inicio se piense que logrará, pero la realidad dista de los supuestos.

La estabilidad económica no es sinónimo de estar bien.

La mayor cantidad de divorcios, son de personas altamente estables económicamente.

No se puede generalizar, existen relaciones estables, que perduran en el tiempo.

Infidelidad

¿Por qué mi pareja es infiel?

Es sin duda otra situación que hace que todo esté mal, al percibir o tener la duda, que la pareja se ha o está involucrándose en otra relación afectiva, la vida se convierte en caos.

Todo sale mal

La infidelidad es un suceso que ocurre por etapas a lo largo del tiempo, las aventuras son romances espontáneos que ocurren sin desearlos.

Los dos causan la misma alteración, ira, desilusión, incomodidad, sentimientos encontrados, tristeza, pánico, miedo, desolación, depresión, angustia, en ocasiones fatal.

Pequeños cambios en la rutina, sutiles señales, situaciones o compromisos nuevos, actitudes nuevas, que no tendrían mayor significado, disparan los celos.

No hay seguridad de nada, pero si hay dudas de todo, eso basta para iniciar una cascada de eventos que inducen a que todo salga mal.

Se desconecta de la realidad, para conectarse con las conjeturas y suposiciones, se dialoga buscando respuestas, pero, la duda permanece.

Se siente zozobra, todo se frena, no hay concentración, el descuido aparece, se toman decisiones equivocadas, la sospecha crece.

Hasta que aparece la respuesta y de alguna manera, la menos imaginada, sale a la luz.

Un impacto emocional, todo queda hecho trizas, historia, amor, años de convivencia, ilusiones, familia, proyectos, confianza, etc.

Las muertes repentinas son similares con el descubrimiento de una infidelidad, aumenta si es una duda confirmada.

Desde ese momento, el proceso siguiente hace que todo lo que rodee la vida sale mal, pareciera que un derrumbe lento se presenta, todos los días algo diferente ocurre de manera negativa.

La atención se centra en la confusión de sentimientos y un ¿Por qué?

La infidelidad, como los romances espontáneos o relaciones de oportunidad de una noche, son la viva demostración de problemas ocultos e intensos en la relación.

Es un síntoma, la causa subyace en vacíos, ausencias, cambios emocionales, rutina, abandono, desinterés, falta de actividad sexual plena.

Buscar la causa real no siempre es fácil, una discusión, un mal comentario, una actitud displicente, la falta de atención e indiferencia.

Son algunas de las causas, la infidelidad no es sinónimo de falta de amor, pero, sí, de desinterés en la relación.

No existe un culpable, los dos lo son, el asunto consiste en tener la capacidad de reconocer que tipo de acciones conducen al otro a ser infiel.

¿POR QUÉ ME VA MAL?

No es un tema fácil, menos cuando se trata de indagar en los actos, la infidelidad lleva la vida al caos.

Así se trate de continuar, la desconfianza, afecta la relación, igual en las nuevas relaciones prevalecerá la desconfianza.

¿Problemas de la infidelidad para que le vaya mal?

- Lleva la relación al caos.
- Quien lo hace, sufre por culpabilidad y arrepentimiento.
- Quien lo sufre, se destruye.
- Pueden existir, infestaciones de malas energías.
- Transmisión de enfermedades.
- Pérdida de la suerte.
- Recibir mala suerte.
- Destrucción del hogar .

Una de las causas para estar mal.

¿Qué hacer?

En el mundo de la magia, los conceptos sobre sexualidad son distintos de lo conocido.

Dependiendo de la capacidad de razonar, conocer, descubrir la causa que lleva a la infidelidad, existen opciones para superarla.

Ahora, hay diferentes tipos de infidelidad, sexual, relaciones paralelas con hijos, compromisos dobles o dos familias, engaños que llevan mucho tiempo, todo esto y más se debe tener en cuenta.

Pero, fuera de eso, es importante revisar cuál ha sido el constructo, de la relación.

* Qué se ha construido.
* Se tienen buenas relaciones.
* Ha sido apoyo.
* Cuáles son las cosas buenas de su pareja.
* En qué áreas tienen plenitud, trabajo, constructo, respeto, progreso, etc.
* ¿Su pareja solo representa los genitales?
* ¿Es más que solo sexo?

Todo dependerá de los balances que haga, tanto si ha sido causante indirecto de una infidelidad, si su relación no vale la pena, si considera que su vida es una relación.

Comoquiera que sea, si no se sabe manejar, se termina llevando la vida a un infierno, por ende, una de las razones para que le vaya mal.

Lo peor, a veces las infidelidades aun después de una separación no se superan, la vida pierde todo sentido. Por eso hay que saber soltar.

)O(**¿Por qué me va mal?**

Miedo a soltar; apegos.
Dependencias emocionales, propiedad, costumbre, sumisión, temor a dejar a otros, recuerdos, etc.

Los apegos son extraños sentimientos, llevan al pánico y la zozobra, crean un temor inquietante.

Son lazos mentales unidos a un sinfín de situaciones, objetos, lugares y personas, un fuerte «miedo» al cambio.

Apegos, sentimientos profundos, por algo o alguien, son anclas mentales, llegan a durar toda la vida.

Generan procesos mentales de responsabilidades autoimpuestas, fuertes atracciones, sentimientos de propiedad.

El apego es una forma de llenar algunos vacíos, la no aceptación de la realidad, recuerdos inútiles que terminan, limitando la vida y el progreso.

En extremo se llega a la acumulación, apegos obsesivos, de objetos, lugares o personas.

Esto aumenta en la medida de sentimientos de protección, en el caso de quienes sienten apegos por animales callejeros.

La realidad se deforma, si bien es altruismo ayudar a los animales que lo requieren, es otro el panorama para quienes los acumulan, con un profundo sentido de apego y protección.

Se rompen los patrones sociales, se entra en caos, en lugar de crear un lugar de protección de animales y darlos en adopción, se tiene un profundo deseo de tenerlos todos y traer más.

Así ocurre con todo, una de las razones para que todo salga mal, consiste en que los apegos se convierten en tesoros, algo que se debe cuidar, tener, pero no dejar ir.

Existen apegos o dependencias mentales, donde sin la presencia de otra u otras personas, no se puede sobrevivir, el solo acto de pensarlo produce estadios de pánico.

Mujeres y hombres, apegados de los padres, jamás progresan, ni se van, consideran que deben estar ahí toda la vida.

Mamás que se apegan de sus hijos o hijas, hasta llegar a ser obsesivas, controladoras, proveedoras al extremo, con tal que no se marchen.

Relaciones de pareja, altamente posesivas, se llega en ocasiones a situaciones fatales.

Las amistades poseen una característica similar, se llega a tal apego, que trasciende una relación afectiva, es una amistad perturbadora.

El apego, en el momento que comienza a actuar, va generando mayor cantidad de lazos, los cuales se trasladan a más personas o más objetos.

Todo forma parte de un total de apegos, el valor que se la da al tesoro, no acepta renunciar a ninguna de sus partes.

La mente en estas condiciones ha generado un cambio de patrones de conducta, llegando al desorden, la suciedad, la inestabilidad emocional, por ende, la vida termina en caos.

De hecho, en mayor o menor medida, la gente acumula y se apega, recuerdos, muñecos, objetos de colección, ropa usada, de la infancia, juventud, matrimonio, libros de colegio, uniformes, etc.

Algún día, de forma inevitable, esos apegos, se convertirán en basura, solo son valiosos para sus dueños.

Pero, el sentimiento es de un gran valor, esto hace que sea difícil desprenderse, así, todo en la vida sale mal.

Mentales

Quizá, la mayor tortura, tener recuerdos y no poder, ni querer liberarse de ellos. La recordación constante de algo o de alguien, alimentada por fotografías, prendas, lugares, etc., terminan con la estabilidad mental.

El recuerdo de una persona fallecida, donde la habitación se cuida y se mantiene mejor que, cuando estaba viva.

La ropa doblada y arreglada, fotografías por todos los rincones, objetos que le pertenecían, un recuerdo que atormenta y un apego que difícilmente se puede soltar. Igual con una relación que se termina, un objeto que se pierde, algo que ya no existe.

Dos formas de apegos, uno; objetos, animales o personas, que son físicos y reales. Otros imaginarios e inexistentes. Cuando se pierde ese balance, la vida se complica, se aísla, evita las comunicaciones, se convierte en recolector, todo lo que pueda sumar a su tesoro, lo satisface.

Sin duda una poderosa razón del **¿Por qué le va mal?**

El proceso es reversible mediante terapias de apoyo, concientización, buscar en la mente, la causa que origina los apegos, recolecciones y acumulaciones.

Y obviamente que exista el deseo de querer un cambio, así se procede, tanto física como mentalmente, al desprendimiento.

A la fuerza no se debe ejecutar, produce daños irreparables, un proceso lento, es la clave.

Es de recordar, que los apegos, forman parte de la acumulación, fuertes sentimientos de pertenencia, no existe un límite, cada vez se querrá tener más, es difícil de desprenderse.

Sótanos y cuartos de «San Alejo» son una prueba.

Se deben evitar, los apegos de los restos de los muertos, esto tiene relación con la necromancia, altamente destructivo.

Ansiedad

Paralelo con lo anterior, la ansiedad es otra de las razones por las cuales **le va mal**.

El desespero, angustia, incertidumbre, el querer que todo suceda en un instante.

El afán mental impide serenar la mente para tomar decisiones asertivas, se recurre en el desespero a improvisar, tomar atajos, arriesgar, comprometer el futuro.

Se termina creando más problemas, que buscar soluciones.

La ansiedad genera diferentes síntomas, sudoración, palpitaciones, temblor, inquietud, falta de concentración.

El cuerpo, al sentirse atacado, genera un torrente de adrenalina aumentando el cortisol, esto lleva a un aumento de la presión arterial.

En cortas palabras, todo el organismo entra en conflicto, sistema nervioso, digestivo, cardiaco, etc.

Como respuesta, aparecen las enfermedades:

- Aumento de peso, rostro redondo.
- Estrías.
- Dolor muscular y calambres.
- Irritabilidad.
- Alteración digestiva.
- Insomnio.
- Menstruo irregular.
- Impotencia sexual.
- Disfunción eréctil.
- Retención de líquidos.
- Problemas cardiacos.

Al tener alguno o varios de estos síntomas, la vida se torna difícil, los problemas se acumulan, aumentando la ansiedad, un círculo vicioso que dura años, en ocasiones con finales fatales.

El conjunto, mente y cuerpo, está en conflicto, es tal la alteración, que, aunque pase la ansiedad, puede dejar enfermedades difíciles de curar.

Fijación mental

Es la causa que dispara los estados ansiosos, afán, temor, miedo, expectativa.

La mente se concentra en la preocupación, no puede tener otros pensamientos, es un eco, un pensamiento constante que atormenta.

Al esperar o querer una rápida solución, se entra en el desespero, un paso más profundo, la mente, pierde el control, se cometen actos impulsivos, con finales lamentables.

Que produce la ansiedad:

✴ Esperar una llamada, una respuesta o una aprobación.
✴ La ausencia de alguien sin conocer su paradero.
✴ Una relación que se termina sin explicación.
✴ Un compromiso difícil de cumplir.
✴ Recibir exigencias constantes.
✴ La duda.
✴ Un secreto, difícil de divulgar.
✴ El arrepentimiento de una acción, que no se debió hacer.
✴ El miedo a ser descubierto.
✴ La pérdida de documentos, imágenes o secretos íntimos.
✴ El chantaje y extorsión.

El listado es mayor, los eventos que dejan un tiempo para resolverse producen ansiedad.

La mente divaga en imágenes de posibilidades y consecuencias, destructivas.

No hay medicamento para combatir la ansiedad, está solo desaparece cuando la causa que la produce deja de existir.

Los sedantes pueden aplacar la ansiedad, pero, al terminar su efecto, esta tiende a ser más intensa.

La ansiedad positiva

La ansiedad positiva es buena, se debe buscar, estimula las hormonas, ayuda a sanar, relaja la mente, las descargas de adrenalina, reinician los estados emocionales.

Descargas de adrenalina benéfica

Realizar una actividad placentera, donde se experimenten emociones fuertes, hacen que las tensiones desaparezcan.

El deporte diario y de alto rendimiento, exigirse un poco más cada día, mantiene los niveles benéficos de cortisol y adrenalina.

Como información, el truco para estar feliz siempre, poder superar las dificultades, tener mejor control del pensamiento, atraer la suerte, ser feliz, radica en la adrenalina y cortisol benéfico.

Al producirlos, se activa en el cerebro un neurotransmisor, el más importante del sistema nervioso.

La dopamina, la causante del placer, el deseo, bienestar, felicidad, intensa sexualidad, oxitocina (La hormona del amor)

Es la razón por la cual, luego de un paseo, gimnasio, aventuras, distracciones, parque de diversiones, zumba, baile, deportes intensos de exigencia.

A pesar de la exigencia física, la sensación es de plenitud, mayor concentración, menos irritabilidad, mejor manejo de los conflictos.

Mejor estado de salud, sueño reparador, tranquilidad, más productividad, más suerte, mejor progreso.

No es imponer estereotipos, es salud y suerte, la magia es clara en cuanto este aparte.

A mejor cuidado físico, más suerte y fortuna, todo sale bien.

A menor cuidado físico, menos suerte y fortuna, todo sale mal.

Tiene su explicación, quien se exige en el deporte, se exige en la vida, siempre buscará estar mejor, eso es progreso.

Quien no es exigente consigo mismo, no lo hará en la vida, caerá en las complacencias, sin duda, terminará en la decadencia.

Otra de las razones a la pregunta ¿Por qué me va mal?

¿Qué se debe hacer?

Modificar la vida, es un proceso que debe nacer en el interior, un cambio radical, enfrentar las situaciones y afrontar las consecuencias, no evadirlas.

Recurra a la técnica vista, analice su presente, ¡No su pasado! Ese, no se puede cambiar.

Pero, si puede construir un nuevo futuro, pare, haga una pausa, revise, que le produce los estados de ansiedad, con base en ello, actúe.

¿Cuál es la solución?

Todo tiene escondido una solución, en ocasiones no es la que se desea.

Lo que sea que esté alterando sus sentidos, es la suma de una sería de causas, deberá controlar sus sentimientos y emociones, para encontrarlas.

Observando el motivo que causa su alteración, defina cómo puede solucionarlo, si requiere, busque ayuda, pero, no termine en una solución que posterior le genere otro problema.

La mejor contra para la ansiedad, es crear otra ansiedad benéfica, deporte, salir, pasear, cambiar de rutina y, en ocasiones, tomar decisiones radicales.

Rompa el círculo vicioso en que se encuentra, todos los problemas por difíciles que sean tienen una solución, pero esta, puede demorarse.

Aprenda a cambiar de rutina, no se enfrasque en los conflictos, a veces suele suceder, que, al dejar de preocuparse, con la mente más tranquila, aparecen las soluciones. La paciencia es un arte, se logra conseguir mediante la práctica, racionalice, que en la vida todo tiene un tiempo.

No desee soluciones milagreras o espontáneas, puede terminar creando más problemas y mayores desilusiones.

La acción es más poderosa que las situaciones ¡Actúe, enfrente, defina, no evada, libérese!

En el caso, que la solución no dependa de su actuar, si no, de la decisión de terceras personas, controlé la angustia, no se complique, nada logrará con alterarse, distraiga su mente en otras ocupaciones. Si bien existen momentos de premura, nada puede hacer para «obligar» a que otros actúen como usted quiere.

Pero, puede recurrir a algunos rituales mágicos, que, dependiendo de la necesidad, ayuden a aumentar su suerte, esto puede hacer que las cosas salgan a favor.

La peor causa para que le vaya mal toda la vida.

Así es; lo peor que puede pasar en la vida, para que desde ese momento todo salga mal, es la pérdida de la dignidad.

La dignidad es el máximo valor, como persona y ser humano, con derechos, deberes, respeto, aceptación y libertad. La dignidad es la fuerza, el honor, el auto respeto, carácter, fuerza interior, capacidad de lucha y grandeza.

Ocurre, que, por ansiedad, la dignidad se pierde, entrando en la humillación, se acepta, ser mancillado, deshonrado, sometido, abusado, etc.

Lo más grave de este tema, es recurrir a la humillación para pedir, rogar, suplicar, que un maltrato continúe.

Una especie de masoquismo, buscar un placer dentro de un gran dolor, suplicar por tenerlo, sin importar, el valor como persona.

En todas las áreas de la vida se presenta, trabajo, familia, religión, matrimonio, relaciones de pareja, estudio, etc.

Esto nace de una ansiedad descontrolada, un mal manejo de las emociones, pobreza mental, incapacidad de enfrentar las diferentes situaciones difíciles de la vida.

Cuando una situación se torna tormentosa, entra en conflicto, sea cual sea, termina en humillaciones y rendiciones, bien impuestos, bien suplicados.

Las peores violaciones morales son causadas dentro de la humillación, el desprecio absoluto, cuando por ansiedad y falta de honor, se permite que el ego sea lastimado.

¿Por qué sucede? Por un miedo irracional al cambio, a perder la presencia de alguien, un interés desmedido, a dejar de obtener un beneficio.

Algunas personas por dinero permiten llegar a las más bajas y denigrantes acciones.

Otras, ante la imposibilidad de salir adelante sin la presencia de otro, se humillan por estar ahí.

En la familia, los actos depravados que someten otros.

Infortunadamente, en la actualidad es un tema que va en aumento, maltrato infantil, juvenil, violencia intrafamiliar, abuso y acoso sexual.

Quienes viven o han vivido este tipo de experiencias generan miedo, se condicionan mentalmente al maltrato, buscan escapar, salir, cambiar, pero, las amenazas y el chantaje, les hacen regresar.

Al perder la dignidad, nada importa, la mente y espíritu se fragmentan, se abandona la lucha, entrando en estado de verdadera miseria mental.

La vida en esas terribles condiciones siempre estará mal, el daño mental llega a ser irreversible.

Dentro de este tema, se debe resaltar la pérdida de la dignidad dentro de la sexualidad, un asunto que se vive, pero del cual poco se habla.

Esto sucede en todo, estudio, trabajo, hogar, novios, socios, prostitución, amigos. La dignidad se pierde, cuando se cede a pretensiones o se utiliza como herramienta para obtener beneficios, se hace lo que sea, por tener.

La intimidación, el chantaje, las promesas, los premios, las amenazas son usados para humillar, dominar, destruir, perjudicando a quienes consienten ese trato.

La suplica

La religión ha sido la mayor causante de la pérdida de la dignidad humana, instituyendo la suplica y el ruego, a cambio de una promesa.

Esto ha trascendido a la vida cotidiana, cercenando la dignidad, el honor, la fuerza de la exigencia, es tanto así, que la gente ruega de rodillas, bien para suplicar, que no le abandonen, bien para suplicar, que lo sometan.

En el mundo, millones de personas, llevan una vida donde todo sale, mal, por haber sido abusados.

El abuso comienza cuando en la debilidad el espíritu, se cae en el ruego y la suplica, nada da tanto poder al abusador, que ver a otro humillado rogando.

✳ La estudiante que pide ayudar para una materia abre la puerta al abuso.
✳ El empleado, que necesita un aumento, ruega y se humilla para obtenerlo.
✳ La esposa que teme perder los recursos acepta ser humillada y abusada.
✳ El esposo, que permite ser usado, por no perder a la esposa.
✳ La novia, que acepta lo que sea, con tal de no quedar sola y poderse casar.

✶ La mujer que busca dinero fácil acepta que con ella se haga lo que sea.

✶ El hombre que busca dinero fácil acepta cualquier acto ilegal y pervertido.

✶ El hombre o mujer que abusan de niños, aun de sus hijos para obtener placer y lucro, solo lo logran humillando.

El listado es infinito, de los variados intereses, que llevan a la pérdida de la dignidad.

¿Qué hacer?

Todo se reduce a dos palabras. ¡**No permitirlo**!

Y para esto, se debe luchar por su dignidad, enfrentar al abusador, renunciar, recurrir con las autoridades, levantarse moralmente, sobre el opresor.

Vencer el miedo de no poder seguir, enfrentar la vida con donaire, dignidad y fortaleza, recurrir a las estrategias, pasar, ser dominado a dominador.

Las opciones son variadas, la fuerza existe, dentro de cada cual, es el valor de la vida, la lucha por la supervivencia.

Si usted está viviendo abuso, humillación, violencia, sometimiento, busque ayuda. No está sola ni solo.

Prepárese, aprenda a defenderse, no permita la intimidación, chantaje o amenaza, o de lo contrario su vida, será desdichada.

Hoy, existen alternativas donde puede encontrar protección, pero, debe tener en claro que las consecuencias cambiarán su vida.

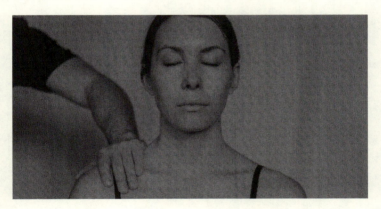

Muchas personas, por mantener un hogar, empleo, semestre, estudio, etc., evitan denunciar, ese silencio es cómplice del abuso, envía un mensaje equivocado, le da más poder al abusador.

¿Por qué me va mal?

Brujería y envidia

En un momento inesperado, la vida se transforma, un segundo y todo cambia, el péndulo de la existencia se mueve a lo negativo, todo se oscurece, lo peor, no hay razón ni explicación.

La brujería ha aparecido en su vida.

No importa si es escéptico con este tema, se debe tener la mente abierta, con esta posibilidad, es una, si no la más fuerte causa, para que esté mal.

Antes de aceptar la idea de una influencia destructiva, se debe evaluar, si uno, es el causante para que todo esté mal, malas decisiones, pésima administración de la vida, desorden, pereza, posponer las tareas, falta de responsabilidad, etc.

Ahora, después de esa evaluación y análisis de las posibilidades de una vida bien administrada, se enfrenta a un cambio abrupto, el cual aparece eslabonando, problemas, situaciones difíciles, enfermedades, caos económico, afectivo, laboral, etc.

La brujería es una influencia, a través de determinados elementos mágicos y malditos. Rituales, fetiches, fotografías, espejos, prendas íntimas, zapatos, velas, etc.

La bruja o el mago, también conocidos como hechiceros, actúan alterando su energía, la cual posterior, perturba su mente, luego su cuerpo y por último su entorno.

Para que esto ocurra, necesariamente debe existir un mensajero, alguien que desea con mucha pasión causar un daño, busca quien haga un trabajo de brujería.

Al encontrarlo, la bruja o el mago inician el proceso, no les importa la razón por la cual se realice, solo complacerán el deseo de quien paga, por crear el ritual.

Es quien debe, llevar, colocar, esconder, imponer, regar, ejecutar la brujería, en otras ocasiones lo hace directamente, el hechicero.

La influencia se produce a través de rezos, intenciones y rituales, esta, va infestando las energías, bien del lugar, persona o personas, objetos, etc.

¿Por qué me va mal?

Al estar embrujado o hechizado, solo un tiempo después que haya iniciado la influencia, comenzarán los cambios negativos.

Lentamente, las situaciones van variando, aparecen las primeras señales, problemas, dificultades, cosas que se dañan, objetos que se rompen.

Mentalmente, sueños extraños, sensación de ser vigilado, pesadillas, olores que pasan por oleadas, fuerte aroma de tabaco, flores, dulce, agrio, excremento, cañería, mortecino, etc.

La brujería afecta, la vida y el entorno, se complican los procesos, maquinarias que se dañan sin razón, pérdidas económicas, tuberías que explotan, fallas en los equipos, accidentes.

La vida se convierte en un drama, al inicio se buscan explicaciones racionales y lógicas, solo cuando se descartan, la mente abre la puerta a la posibilidad de estar siendo embrujado.

Infortunadamente, se llega a este punto, cuando todo ha entrado en crisis. Los dos dramas son complicados, la influencia y la contra o limpieza.

Una brujería solo se combate con otra brujería, de nada sirven, rezos, baños, oraciones, misas, agua bendita, medallas, etc.

La energía ha sido impuesta, solo otra energía más fuerte de igual vibración, la anula y permite el retorno a la normalidad.

¿Por qué me hacen brujerías?

Es la pregunta normal, nadie puede hacer una brujería a una persona que no conozca.

Siempre debe existir, un puente psíquico o mental, un conocimiento, cercanía, un lazo que una a quien la hace y quien la recibe.

Debe tener algún tipo de confianza para acercarse, colocar objetos malditos en la casa, hacer riegos, dar bebedizos, esconder medallas, fetiches, entierros, salar camas.

Dependiendo el tipo de brujería, se dejan elementos mágicos dentro de un lugar, en los bolsillos de la ropa que no se usa, zapatos, baños, automóviles, escritorios, macetas, cubiertos malditos, entre los cubiertos de la cocina.

Son infinitas las opciones, en otras ocasiones si el deseo de hacer daño es motivado por una venganza o una gran pasión, se recurre a rituales de necromancia.

Enterrar objetos que pertenecen a alguien, en las manos de un muerto que va a ser sepultado.

Ropa interior, semen, menstruo, uñas, dinero, fotografías, calcetines, zapatos, fetiches, etc. Cualquiera que sea el tipo de brujería, va con la intención de destruir. Cuando inicia su macabra influencia, la vida de quien ha sido embrujado, se transforma, todo sale mal.

- ✳ Negocios prósperos, se quiebran.
- ✳ Relaciones estables, se terminan.
- ✳ Amores, se convierten en odio.
- ✳ Enfermedades desconocidas.
- ✳ Las casas se afean y dañan.

¿POR QUÉ ME VA MAL?

- Oficinas, talleres, locales, caen en ruina.
- La mala suerte llega.
- Muerte en accidentes que escapan a la razón.

En pocas palabras, **todo sale mal**.

Cuando esto ocurre, la vida da un giro, se entra a lidiar con energías muy poderosas y desconocidas. Nadie está exento de recibir este tipo de influjos, pero, todo el mundo debería protegerse. (*Véase el libro Señales de Brujería y Contras*)

Ahora, recuerde, si se está embrujado, es por alguna razón, usted o alguien cercano, ha cometido una acción en contra de otra persona, la cual ha sido lastimada.

En esto debe tener cuidado

Normalmente, la venganza, intereses y la envidia son los impulsos, que llevan a alguien a recurrir a las viejas artes.

Venganza, envidia e intereses

¿Por qué hay personas que les va mal en la vida?

Venganza, conocida dentro del ámbito mágico, como justicia sin justicia.

Es una de las principales causas para influir, negativamente, en la vida de otra persona.

Existen actos que escapan de la justicia humana, en ocasiones causan un profundo dolor espiritual, no hay cómo reclamar o llevar a un tribunal.

Es cuando el sufrimiento se transforma en odio y desprecio por quien infligió el daño y debe pagar.

Quien sufre, se convierte en juez, jurado y verdugo, busca el castigo, como compensación, es cuando aparece su propia justicia, la venganza.

El problema con la venganza consiste en que no existe un punto medio entre daño causado y el castigo impuesto.

Solo un profundo deseo de lastimar, en ocasiones llega a ser fatal causando la muerte.

En la magia no existe una forma de regular la justicia que se impone, es una energía destructiva, la cual hace eso, destruir, hasta no dejar nada.

Esto depende de quien sufrió el daño, tampoco existe una forma de medir el daño recibido.

Así, por cosas triviales, normales, de la vida, se pueden obtener crueles venganzas.

Algunas de las causas de la venganza

- ✷ El rechazo.
- ✷ El desprecio.

- Una traición.
- Una mentira.
- Manipulación.
- Abuso.
- Violación.
- Humillación.
- Sometimiento.
- Estafa.
- Engaño.
- Jugar con los sentimientos.
- Deslealtad.

Y todo lo que una persona pueda considerar como daño, en ocasiones cosas simples, como una negación a un favor, pueden desencadenar venganzas terribles a través de brujerías altamente destructivas.

Intereses

Existe un sinnúmero de intereses que llevan a imponer una brujería, de alguna manera se supone el logro de un fin, causando un daño o evitando que alguien ejecute una acción.

¿POR QUÉ ME VA MAL?

Este es una de las razones más frecuentes, para mandar o hacer una influencia sobre otra u otras personas, intereses.

Alguno de ellos:

✷ **La codicia**

Herencias.
Obtener beneficios.
Querer tener más que los otros.
Anular al padre o madre que sobrevivan.
Ventajas en la repartición.
Influir sobre abogados o jueces.
Crearle problemas a los demás.
Maldecir la porción que no se obtiene.
Apropiarse de terrenos valiosos.

✷ **Trabajo**

Desear el cargo o puesto de otro.
Hacer que alguien renuncie.
Vengarse de un empleador.
Causar alteraciones para dañar.
Obtener mejores beneficios.

Enamorar a los jefes.
Enamorar a los empleados.
Dañar o salar un negocio.
Atar la economía, para que una empresa se quiebre.
Truncar el avance y el progreso, creando bloqueos mágicos.
Inducir a otros al error.

✵ Amor

Dañar relaciones.
Crear enamoramientos falsos.
Cebar a una mujer u hombre.
Causar separaciones.
Producir abortos.
Hacer amarres.
Dominar.
Obtener beneficios económicos.
Crear obsesiones o ligas de amor.
Causar embarazos difíciles.
Vengarse de una traición.
Maldecir a una pareja.
Hace hechizos de amor y de odio.
Destruir familias.
Enfermar a los suegros.

Cebar a los suegros.
Manipular.
Someter.
Esclavizar.
Abusar sexualmente.

Los intereses suelen ser motivos poderosos para recurrir a la brujería, la mente tiene extraños y oscuros laberintos, los cuales se convierten en tentación.

¿Por qué, se recurre a la brujería?

La respuesta es simple, por los resultados que se obtienen. Desde la antigüedad; se ha reconocido que las influencias mágicas, producen alteraciones tanto benéficas como maléficas, una persona versada en las artes mágicas conoce las leyes que rigen la magia.

De acuerdo con esto, actúa, generando procesos que alteran las vidas, la brujería es uno de los oficios más antiguos del mundo, con grandes resultados.

Adicional, con lo anterior existe la envidia, un sentimiento que nace de los celos, la inferioridad, el deseo de poseer o de quitar lo que otro posee.

Existen dos tipos de envidia, una, motivadora, exigente, competitiva, otra, destructiva. (*Véase el libro Señales de Brujería*)

Envidia Motivadora

Nace como el deseo de ser mejor que el otro, es un sentimiento de poder y fuerza, exigente, dinámico, con grandes beneficios para quien lo siente. Este tipo de envidia se da entre personas ganadoras, nadie va a competir para ser perdedor.

Al ver a otro triunfar, el instinto de competición reacciona, el ego, empuja a superarlo, el principio genético actúa, se quiere llegar, más lejos, más alto, más rápido.

Esa sana envidia es contagiosa, entre grupos de personas que compiten, algo que se da en todos los niveles, empresas, deportistas, gobiernos, profesionales, amigos, esposos, vecinos, etc. Y, de manera extraña, en esto también se recurre a la brujería para triunfar sobre los otros, bien estando mejor o haciendo que al otro le vaya mal. Es la estrategia de la suerte, la ganancia de uno, sin duda es la mala suerte o pérdida del otro.

La competencia es recursiva, la meta es el triunfo, ser el mejor, en el mundo de la magia, todas las estrategias cuentan, el ganador, siempre ganará. Cuanto más éxito se tenga, mayor será la influencia por anularlo y, vendrá de una sola fuente, muchos se van a aliar, para lograrlo.

Las influencias mágicas serán más destructivas, al aumentar el nivel de envidia, esto ocurre cuando el ganador, gana más. El éxito, la fortuna y la gloria, vienen acompañados con la sombra de los enemigos y la envidia. Con una sola intención, destruir para ganar.

En todos los deportes, se utilizan objetos encantados y algunos embrujados, símbolos, logos, sigilos, diamantes conjurados, unos para ganar y otros para hacer perder.

Las grandes empresas competitivas usan lo mismo, logos, símbolos, mágicos, objeto de gran poder, con similares intenciones, para que unos ganen y otros pierdan.

Envidia destructiva

Es el sentimiento incómodo que se tiene hacia otro, bien por lo que es, posee, logre, alcance, muestre, en sí por lo que sea.

Tiene una base mágica, energía de rechazo, algunas personas que aun sin tener que envidiarle, su carisma, don, actitudes, bastan para alterar y atraer sentimientos destructivos.

¿Por qué se envidia?

No es por ser mejor, al contrario, es por la incapacidad de ser, «Si no lo puedo tener, nadie lo tendrá». Esto se da tanto en mujeres como en hombres, la intensidad del crecimiento de otro; produce el doble de envidia en otros.

En este aparte, todo se envidia, no con el deseo de tenerlo, sino con el deseo de destruirlo.

Por eso, se recurre a la brujería para lograr que quien es fruto de la envidia, decaiga, así el sentimiento desaparece.

Lamentablemente, ocurre, la brujería por envidia destruye vidas, anula futuros, causa penas, dolor, enfermedad y ruina.

En la actualidad, la brujería moderna lo demuestra, el uso indiscriminado y dañino de las redes sociales, cuando se trata de criticar, condenar, maltratar y anular a otra persona.

Quien no sabe manejar las redes sociales, comenta o divulga sus logros, presume de sus posesiones, belleza, metas, amores, etc.

Se expone al escarnio público, tenga o no tenga, incomodará a otros, al hacerlo libremente, igual debe asumir las consecuencias.

Pero, cuando a estas irradiaciones se agrega un contenido mágico, rituales, riegos, fetiches, amarres, hechizos de piel, bloqueos económicos, enfermedades y desgracias.

La situación se complica en extremo, la brujería actúa hasta, que quien es fruto de esa envidia, desaparece.

¿Por qué me va mal?

Una de las causas es la envida, bien sea física o virtual, es por mostrar sus triunfos, revise sus redes, mire sus comentarios periódicamente, puede existir algo que no conozca.

Un comentario destructivo, de un o una ex, o algún enemigo, igual debe revisar en sus últimos empleos, estudio, vecinos, allegados.

Cualquier información que, inocentemente, haya publicado, podrá ser usada para crearle un mal, ante todo con las anteriores relaciones.

La brujería de envidia es un poderoso bloqueo que se crea sobre una persona, impidiéndole el fluir de la vida, todo tiende a salir mal.

No es difícil observar, el asedio constante de una persona contra otra, las redes sociales, si bien son una excelente herramienta, se pueden convertir en una tortura.

Un mal momento, grabado por otra persona y subido a las redes, es suficiente para perder el trabajo, el hogar y, complicarse la vida.

¿Qué hacer?

Evaluar desde cuándo comenzó a sentir que su vida entró en dificultades, normalmente, existen señales claras de las personas a las que les cae mal.

Se sugiere el libro Señales de Brujería, si desea ahondar en el tema.

El uso de elementos mágicos, son de gran ayuda, no previenen la envidia, pero protegen de esa energía y avisan cuando alguien la irradia.

- Aseguranzas.
- Azabaches.
- Amuletos o talismanes, conjurados contra envidia.
- Espejos, conjurados en luna llena.
- Uso de determinadas prendas.
- Tobilleras conjuradas.
- Brazaletes mágicos.
- Botellas, atrapa envidias.

Algunos los encuentra ya preparados mágicamente en Ofiucostore.

No existe un ritual mágico, como contra para la envidia, en cada persona es diferente, la envidia de la belleza es diferente, con brujerías distintas, con la envidia del amor.

Se debe conocer, que causa la envidia, eso es fácil, **«el mal de ojo» como** también se le conoce, nace cuando quien desencadena la envidia, resalta lo que envidia.

¿Cómo eres de bonita?
¿Qué carro tan hermoso, el que compraste?
¿Tu casa es la mejor de la cuadra?
¿Tienes piel de ángel, yo no?
¿Su reloj, es original?

Son preguntas sueltas, que demuestran atracción o admiración, posterior, las actitudes cambian, indiferencia, incomodidad, fastidio.

El sentimiento va creciendo hasta que se recurre a la brujería.

En el trabajo, estudio, aun en las familias, existen los comentarios, de varios contra uno, fomentan la apatía y del desprecio, cuñados, concuñados, suegros, hermanos, etc.

Algunas señales, pero, pueden ser más, de acuerdo con la influencia que se esté recibiendo.

* Caída del cabello, sin razón.
* Brotes en la piel.
* Despertar a la misma hora.
* Sentir presentimientos o zozobra.
* Encontrar elementos en la puerta de la casa.

Sal.
Riegos.
Vísceras.
Velas negras.
Símbolos mágicos.
Marcas o cruces.

La magia al ser irradiada da señales, debe estar pendiente, comida que se daña, espejos que se quiebran, puertas o ventanas que se atascan, etc.

La única forma de combatir la brujería es con otra brujería, si no conoce, debe recurrir a una bruja o mago.

Nunca intente reclamar a alguien, suponiendo que es el causante de sus problemas, a pesar de que dude, suponga, considere saber quién es, no lo haga.

Puede equivocarse y quién lo hace, aumentará el influjo destructivo sobre su vida.

Brujerías que saltan

)O(**¿Por qué todo me sale mal?**

Posiblemente, usted considera que no le ha hecho daño a nadie, pero su vida ha entrado en un caos.

Es cuando deberá evaluar:

- ¿Con quién ha estado o compartido?
- ¿Ha comprado o recibido algún objeto recién?
- ¿Ha visitado en los últimos días, funerarias, cementerios, moteles, residencias?

- ¿Ha tenido aventuras sexuales con personas desconocidas?
- ¿Ha ayudado a un desconocido?
- ¿Ha contratado a alguien recién?
- ¿Ha iniciado una nueva relación?
- ¿Alguien nuevo llego a su vida?
- ¿Ha encontrado algún objeto valioso?

Ya tiene una idea, algo debió llegar o usted hacer, para que una brujería haya saltado a su vida.

Las brujerías se combaten con otra brujería, en ocasiones las brujas o los magos, para sanar o limpiar a alguien, atrapan la brujería en un objeto.

Una pulsera o collar de oro, una prenda llamativa, una porcelana hermosa u otro tipo de objetos.

Esto tiene dos finalidades, que quien lo reciba, también reciba la brujería que fue limpiada a otra persona y, el que la encuentre que se apegue al objeto, el peligro de la codicia.

Y, obviamente, se traspasa la brujería.

Así, aunque se desprenda del objeto algo muy difícil, lo arroje, regale, destruya, ya está impregnado de esa energía, solo una limpieza mágica puede ayudar.

Es un viejo truco de limpiezas, de energías, traspasar la mala suerte, al encontrarse un objeto valioso, sin duda lo conservará, junto con la mala energía.

Otras causas para que las brujerías, salten.

Interactuar, compartir, tener sexo, contratar, iniciar una nueva relación, tener un amante, compartir de forma cercana con personas que no conoce.

Visitar funerarias o cementerios, sí que tenga una razón cercana, si no por acompañar a alguien, puede resultar infestado. Tanto los objetos embrujados, como las personas, irradian o proyectan esa energía de embrujo, no se sabe por cuanto tiempo, miles de años.

En los objetos usted los toma y los guarda, con las personas es un poco diferente.

Cuando se conoce a alguien, se entra en su campo mental y, esa persona entra en el suyo, se crea un puente psíquico.

Usted transmite y recibe las energías a través del recuerdo o pensamiento.

Un nuevo empleado, en el caso de que esté embrujado, embrujará todo el lugar.

Una nueva relación, con alguien que ha sido embrujado, en quién piense, lo irradiará con esa energía, transfiriendo la brujería.

Las brujerías saltan, pasan de una persona a otra, para que esto ocurra debe existir algún tipo de cercanía y tiempo. Se considera que en un mes lunar se puede percibir las señales.

Haga un análisis de lo que está pasando en su vida luego de cualquier de las anteriores conexiones.

¿Mejoró, empeoró, avanzó, siguió igual?

Trate de tener presentes las señales, qué sucesos ocurrieron desde el día que fue, conoció, contrato, compartió, tuvo sexo, visitó, etc.

Recuerde que, al compartir con alguien, usted estará infestado de esas energías.

Infestación

¿Qué pasa cuando todo va mal?

Todo intercambio de energías deja una huella, en magia se conoce como infestación, de forma similar con un accidente de carros.

Los dos se transfieren, pintura, marcas, huellas, impacto, etc.

Igual sucede en la vida, todo transfiere energía, en el caso de visitar un lugar, se transfiere y se recibe, una parte de energía queda allí, otra la que recibe.

La limpieza de jabón y trapo no quita las energías acumuladas, alguna vez ha pensado, ¿Cuántas personas han tenido sexo y en qué condiciones en la misma cama, ¿dónde usted lo ha tenido o quiere tenerlo? ¿Cuántas energías quedan en ese lugar?

Al estar con otra persona, ocurre de forma similar, se recibe y se da.

Sí, las energías, recibidas, son alteradoras, sucias, machadas, estas invadirán al huésped o quien las recibe, similar con un contagio.

* Al estar las energías en equilibrio, serán como un bálsamo.
* La suerte es una energía, que al igual se gana o se pierde por transferencia.

La sexualidad tiene otro contenido algo más complejo, en un encuentro, los dos aportan «**todo el pasado sexual, energético y químico**»

Es allí, donde radica escondido un gran peligro, no solo energéticamente, sino en la salud.

Una persona que se contagió en el pasado, de una enfermedad sexual, así sea asintomática, contagiara a la pareja actual.

* Una vida de promiscuidad, oculta, se transfiere a la nueva relación.
* Este aparte es de cuidado, es su vida, su salud mental, energética y física.
* Como en todo, dependerá de la forma de vida que se haya tenido y las energías que transfiere, se debe tener en cuenta.
* No es la cantidad de parejas sexuales que se hayan tenido, sino las condiciones en que se tuvieron.
* Existen personas, que han tenido a través de su vida, múltiples parejas, pero, no tienen una vida alterada, ni transfieren malas energías o enfermedades.
* Otras, que han tenido escasas o una pareja, poseen energías contagiosas o enfermedades.

Así lo que debe importar, es el estado energético actual.

¿Cómo se hace?

La infestación de energías sexuales es la más común, al tiempo que atrae consecuencias difíciles de manejar, así como más complicadas de limpiar o retirar.

Antes de una relación sexual, se debe observar y conocer, con quién se va a involucrar, cómo es su vida y, cómo están quienes la rodean.

Se encuentran, dentro de su campo mental, por ende, reciben la radiación de sus energías, familia, hermanos, amigos, etc.

Igual se debe evaluar sus pertenecías, el estado en que se encuentran, el cuidado que profese a su persona, manos, uñas, calzado, pertenencias, etc.

Todo habla, no se deje llevar por fotografías con filtros, ni por la impresión de la primera cita o lugar donde se conozcan.

Es diferente arreglarse para una ocasión o salida y, otra muy distinta, el estado normal o habitual. Algo que al inicio se evita mostrar.

Hoy en día, estos detalles se pasan por alto, las relaciones sexuales, se producen de forma espontánea, aun sin tener ningún tipo de conocimiento, más que una charla, en ocasiones de minutos.

Piense en lo siguiente: las personas que tienen este tipo de encuentros lo hacen con frecuencia, así que ese pasado sexual, es transferido y recibido.

En el evento que se inicie una relación más estable donde se oculte este tipo de encuentros, quien se involucra, ignorando ese pasado, recibirá, ese pasado sexual, alterando su vida.

A esto se le suman los sitios en donde se va a tener sexo, lugares frecuentados por quienes viven ese tipo de experiencias, lugares, camas, sábanas, baños, etc., altamente contagiados.

Al cabo de unos días, empezará a notar las alteraciones, tanto físicas, mentales y energéticas.

Lo mismo ocurre con las demás infestaciones, funerarias, casas embrujadas, lugares malditos, cementerios, etc.

* Tomar objetos de lugares embrujados, igual es infestarse de energía.
* Conservar restos de muertos.
* Poseer objetos de personas fallecidas.
* Comprar elementos usados, sin saber su procedencia.
* Recibir regalos de desconocidos.
* Recibir regalos, cuando no existe razón para eso.

Las infestaciones de energía se pueden presentar de diversas formas, lo mejor, es siempre estar atento, actuar con calma, tomándose un tiempo para evaluar.

Algunas infestaciones se logran armonizar, con baños, rituales caseros, limpias, dependiendo del tiempo transcurrido.

Otras, son anuladas por la propia energía, igual dependerá de la cantidad de tiempo que dure el contagio, exceptuando el sexo, donde el intercambio de fluidos es extremo.

Conocer, revisar, desconfiar, observar, analizar, tener información, le pueden evitar entrar a un infierno.

Miles de personas desgracian su vida, al dejarse llevar por impulsos, retos, insinuaciones, influencia de amigos o personas cercanas.

El pensamiento de la autoconfianza ¡**No pasará nada**! Termina destruyendo familias y vidas.

No es difícil, ver casi todos los días, las terribles noticias, de muertes, violaciones, empresas en quiebra, separaciones, divorcios, causados por infestaciones de energías.

La gran mayoría; de fondo esconden, algún tipo de brujería.

La administración de la vida requiere de responsabilidad, si se desea progresar y estar bien, no se trata de no vivir, sino de saberlo hacer.

Pensar y reflexionar antes de actuar, medir siempre las probables consecuencias, pensar, que luego de actuar, el acto no se puede borrar.

El dramático juego entre el SI y NO, la libertad que forma el futuro.

Decir, ¡Sí! Abre la puerta, compromete, se asume la responsabilidad, entre más rápido se acepte una determinada situación, sin pensar, más probabilidades de fracaso.

Decir, ¡No! Abre un compás de espera, permitiendo medir consecuencias, evaluando las consecuencias.

No, es prudencia y sabiduría.

Las decisiones, más las que ponen en riesgo el futuro y la vida, por más atractivas y placenteras que pueden parecer, se deben evaluar.

¿POR QUÉ ME VA MAL?

Energías cruzadas brujería

)O(**¿Por qué nada me sale bien y todo es un desastre?**

Otra forma de brujería, «**cuando nada sale bien**» es de aclarar, en este ítem, algo importante.

Esto solo se puede aplicar a quienes han logrado algún tipo de progreso y, luego, todo entra en caos.

Para quienes, nunca han hecho nada, este aparte no tiene significación.

Explicación: la negligencia, la falta de exigencia, hace que algunas personas, a lo largo de su vida, nunca se esforzaron por construir, estudiar, lograr objetivos.

Al no hacer nada, no tienen nada, pero suponen que les va mal por otras influencias, una forma de justificar, el no hacer.

En estas terribles condiciones, nada saldrá bien, de hecho, no hay nada.

Quienes esto viven, se vuelven expertos en justificar su situación, creando verdaderos dramas de su vida.

Si no se hizo, nada, no existe nada que salga bien ni mal.

Ahora, si en determinado momento, la vida cambio, bien por una relación, cambio de trabajo, intento de otra oportunidad, cambio de carrera, divorcio, cambio de vivienda, cambio de bienes, etc.

Esta situación puede llevar a otra de las razones por las cuales le va mal.

En algún momento de su vida, una decisión tomada por la influencia, bien, de otra persona o mágica, produce un evento, **energías cruzadas**.

¿Qué es?

En la proyección del futuro, se tienen planes, anhelos, sueños, deseos, se lucha por alcanzar determinadas metas, es la construcción de su destino.

Pero, en algún momento, se toma una decisión o alguien toma la decisión de su vida, al sugerirle un cambio.

Familiares, padres, amigos, enemigos, novios, abuelos, brujería, etc.

En ese momento se cambia la dirección del destino, se abandona el propósito, por una aventura, es donde las energías se cruzan.

Renuncia a un trabajo, pensando que tendrá uno mejor, pero resulta lo contrario, en ese acto, cruzó las energías de su vida, de ahí en adelante nada sale bien.

Abandonó una relación, por otra que suponía mejor, cambio el destino y las energías.

Aceptó una determinada situación que le aleja de sus metas, cambio su norte.

Igual pasa cómo vimos anteriormente, si una brujería de alguien cercano salta a su vida.

Al hacerlo, inicia un destino impuesto, no es su construcción, esto hace que, a partir de ese punto, su vida se torne extraña, el progreso se detiene, nada sale bien.

* Siempre tendrá bloqueos.
* Se acerca al éxito, pero lo pierde.
* Llega a un lugar, en el justo momento que han cerrado.
* Pierde compromisos, citas, entrevistas, por las causas más extrañas.
* Inicia un nuevo trabajo, a los días se lo cancelan.
* Comienza bien y con entusiasmo algún proyecto, luego se congela o termina en problemas.
* En las relaciones afectivas, sucede de manera similar, antes de iniciar, se termina.
* Lo que le resulta, no es de su agrado.
* Llega lo que menos desea.
* Todo lo que toca, se daña.

* Todo se complica, situación que puede perdurar toda la vida, personas que nunca consiguen trabajo en su profesión, ni logran una relación estable, etc.
* Cuanto más tiempo pase, más difícil de volver a encausar el destino.
* No existe ningún ritual mágico que pueda modificar este tipo de eventos, aunque procede de la magia, es la libertad en su actuar.

Y es la libertad, mediante la actitud, renunciar a ese destino impuesto y, volver a comenzar, algo que requiere de fuerza, de voluntad y suerte.

Esta última es la que una bruja o un mago, le ayuda a conseguir para restaurar la vida, lo único que hace la magia es crearle un mapa futuro a través de un sortilegio, buscando un cruce que le acerque al destino abandonado.

¿Si pudiera regresar al pasado; que no haría de lo que hizo?

Ese evento, especificó, cambio su destino.

Hay destinos y energías cruzadas, que generan lazos, difíciles de romper, con la magia se logra; sobre un destino cruzado, **crear un nuevo destino**.

* Dependerá del deseo, que tan infestado, de ese destino esté.
* ¿Cómo está quedó su dignidad?

Volver a comenzar

¿Cuándo algo me sale mal, pienso que no valgo nada?

En la vida se presentan situaciones que cruzan las energías sin que uno sea el causante, son los Sinos inevitables.

Es cuando se enfrenta a otra realidad, toda su existencia cambia en un segundo.

* Un terremoto.
* Accidente Aéreo.
* Desastre.
* Divorcio.
* Robo.

- Muerte de los seres queridos.
- Quiebra económica.

Las opciones de un cambio repentino son infinitas y, ocurren de la forma menos imaginada.

Nadie, está preparado para este tipo de sucesos, eventos que realmente transforman la vida. Es cuando usted está vivo, solo y sin nada, todo lo que tenía se ha perdido.

Opciones: morir, decaer, abandonarlo todo, sumergirse en el dolor, la autolástima, el empobrecimiento mental, suicido. O, volver a comenzar.

La decisión es suya, debe tener en cuenta y de forma muy clara, que, **si elige volver a empezar**, algo que su instinto de supervivencia le impulsará a hacerlo.

Estará solo consigo mismo, debe saber que:

- De usted y solo de usted depende su futuro.
- Nadie va a ayudarle y, es mejor así, no deber favores.

- A nadie, de este o de otro mundo, le importa su vida.
- Cuanto más se lamente, venda dolor, amargura, desdicha, etc., más depreciado será.
- Llorar, recurrir a las drogas, licor, placeres, únicamente harán más difícil el empezar.
- Cuando se está mal, todas las puertas se cierran.
- No espere milagros, no existen.
- Ni dios ni el diablo existen, así que todo dependerá de su voluntad.
- Evite convertirse en una carga para otros.
- Prepárese a comenzar de cero, usted puede.

Sin importar el suceso, todos tienen el mismo final, se enfrentará con una cruda, cruel y difícil realidad, «**Su vida ha cambiado para siempre**»

Los siguientes días se convierten en un huracán de emociones, su mente y su espíritu convulsionan, no hay tranquilidad, nada, todo se oscurece y se complica.

Negación y duelo

Muerte, destrucción, terremotos, divorcio, traición, etc., sin importar cuál de todos los eventos haya ocurrido, el proceso es similar, en un segundo, la vida entra en un abismo sin control

Lo primero que aparece es la negación, ¿Por qué a mí? ¿Qué hice para merecer esto? ¿Por qué no fui yo y no ellos?

La mente está en un estado de alteración, no se acepta el suceso, no hay calma, todo se congestiona, es un tiempo de alteración, se está dentro de una tormenta mental.

En unos días, luego del impacto, todo se oscurece, llega la depresión, la ausencia, soledad, tristeza, abandono, en el aislamiento, no se acepta lo sucedido. (*Véase el libro Libro Charlas con la Muerte - El Valor de la Vida*)

Eco mental

Es el evento repetitivo e incontrolable de las últimas imágenes de suceso, el momento en que el impacto llegó, se repite, una y otra y otra vez, sin poderlo controlar.

No hay paz, la negación aumenta la desesperación, se abandona todo, se quiere morir, se piensa que no se podrá seguir viviendo con el suceso.

La mezcla de la negación y el eco mental, son una verdadera tortura, esto ocurre porque no se razona sobre el suceso, ni se controlan las emociones, así que, los sentimientos sin control son los causantes.

Razón por la cual, unas personas asimilan mejor los eventos, saliendo más rápido de ese estado, racionalizan y comprenden que no hay nada que hacer.

Los otros se dejan llevar por emociones descontroladas, acrecentando el problema.

Duelo

Dependiendo del autocontrol, se ingresa en la etapa de duelo, aparece después de días de angustia, es cuando se comienza a aceptar la nueva situación.

Dependiendo del control emocional, el duelo puede no existir, se asimila y se sigue o puede durar, días, meses, años o toda la vida. En ocasiones lleva al suicidio.

Pero, si se logra comprender, que se está vivo, solo queda una opción: **Volver a empezar**.

No es fácil, requiere de control, superar un desastre y construir al tiempo.

Las mujeres lo logran más rápido que los hombres, esto tiene su razón, el instinto de supervivencia en ellas es mayor, un regalo de la naturaleza para proteger la vida. La lucha por los hijos.

A partir de ese momento, la reconstrucción comienza, con una gran ventaja, tiene todos los probables futuros y destinos para elegir, cuál desea.

Se puede gastar un día, un mes, un año o nunca lograrlo, dependerá única y exclusivamente de poder interior y la suerte. Por eso, es prudente armonizar las energías de forma mágica, limpiar la alteración, cerrar ciclos, hacer despojos, liberarse del pasado. La magia es, en esas difíciles condiciones, la mejor aliada.

¿POR QUÉ ME VA MAL?

¿QUÉ HACER PARA QUE ME VAYA BIEN?

Destino

¿Qué es?

Todo lo que usted quiera que sea para su futuro

Hablar del destino, es ingresar a los laberintos del futuro, donde todo es probable, todo existe, todo está.

La imaginación, el deseo, los proyectos, por descabellados que parezcan, en algún lugar del futuro ya existen, esperando que los alcance.

Moiras

El destino nace de tres seres especiales, las Moiras, junto con su hijo, el Hado.

Son las dueñas de los destinos, seres que están más allá de los dioses, es a lo único que los dioses le temen, al destino.

Más de 8.000 años de tradición, nadie sabe cuál fue el inicio de esta historia, pero, ha permanecido por generaciones.

Tres Diosas autocreadas, aparecen a los tres días del nacimiento, entregan la suerte, como lo vimos en la primera parte de este manual y, los hilos del destino, la vida y la muerte.

El poder que cada ser tiene en su espíritu se enlaza con los destinos probables para su existencia, llega con herramientas, conocimientos de otras vidas, deseos, pasiones, habilidades innatas.

En el fondo de los espíritus está tallada la razón para vivir en una determinada encarnación, usted está en este mundo, por una razón, creada en otra vida.

Pocas personas descubren el gran poder que poseen en su interior.

Cloto, la hilandera, de la rueca de la existencia y con el huso extrae los destinos posibles, para cada mortal en una nueva existencia.

De acuerdo con el conocimiento obtenido en otras, vidas, Cloto enlaza los destinos. Una hebra de muchos hilos, todos los futuros y destinos posibles, han sido unidos.

Láquesis, junto con la diosa fortuna Tiqué, entregan la suerte a cada mortal, para que logre alcanzar, los destinos otorgados.

Láquesis, también mide la hebra del destino, el tiempo en que cada mortal debe permanecer para cumplirlo. A veces se distrae y permite que el Hado, enrede los destinos, algo que todos deberían conocer, antes de tomar decisiones.

Átropos, la dueña de las tijeras de la muerte, ella, es la que pone fin a los destinos, elige la forma, envía a Perséfone, para llevar las almas al Hades.

Ella es de mal humor, cuando los hilos de la vida de Láquesis son largos y se enredan con los juegos del Hado.

Átropos, los corta todos de un tajo, son las tragedias de muertes colectivas, a ella no le importa la forma en que mueren, sino el fin.

Ahora, el destino, es la oportunidad de la vida, el futuro, aprovechar al máximo la oportunidad de estar vivo.

Nadie nace predestinado para algo en específico, pero todos poseen en su interior conocimientos y poderes, estos se descubren en la medida que se exige para superar los retos de la vida.

Dentro de cada ser, existen conocimientos latentes, bajo la cultura, libertad, imposiciones, dogmas, creencias, tabús, algunos son bloqueados y nunca fluyen.

En otras ocasiones, se logran descubrir a temprana edad, se sigue un destino sin bloqueos, logrando tener una vida plena.

La suerte forma el complemento del destino, en otras ocasiones, se toman decisiones alejándose de las limitaciones para alcanzar los sueños.

No hay desgracia mayor para un ser, que nacer en una familia y un lugar, donde le den todo.

Igual no hay peor encarnación, que tener padres proveedores que le den todo a sus hijos, pensando que hacen algo bueno.

Las dos situaciones a pesar de sugerir una buena vida, lo cual sin duda es así en cuanto a cosas materiales, es una vida pérdida para el espíritu. (*Véase el libro Atracción de la Buena Suerte*)

¿Por qué nada me sale?

¿Cómo se forja el destino?

Dos temas recurrentes, que tienen el mismo fondo, nada sale bien porque no ha forjado un destino.

El destino es una finca

Cuando se nace, es similar a recibir a una finca con la tierra más fértil que existe, tiene manantiales, diferentes suelos para cultivo, reservas de metales, oro, plata, hasta diamantes.

En otras palabras, esa finca tiene todo, igual le entregan, herramientas, las que necesite, pero, no hay semillas, tampoco excavadoras y menos ayudantes. Se está solo en ese lugar.

Opciones

✳ No hacer nada en la finca e irse como ayudante a la finca de otro que ya esté cultivando.
✳ Conseguir semillas y buscar ayudantes.
✳ Empezar a cultivar y explotar la finca.
✳ No hacer nada y dejar que todo se dañe.
✳ Esperar, que venga alguien a trabajar, cultivar, excavar, cuidar la finca, en espera que lo mantengan.
✳ Esperar que otros trabajen gratis para darle.
✳ La finca no se puede arrendar, pero puede prestarla para que otro la explote y se lleve la ganancia.
✳ **Puede exigirse y paso a paso, cultivarla y explotarla para su beneficio.**

Así es el destino y la vida, tiene herramientas, dones, inteligencia, habilidades, capacidad, una planta motriz de inagotable energía, la voluntad.

El destino se forja reconociendo los momentos para actuar, al igual que la magia y la naturaleza, existen tiempos para arar, sembrar, cultivar y cosechar.

La juventud

Es la época para arar, sembrar semillas, estas son el estudio, conocimiento, aprendizaje, se es el aprendiz de algo que apasione.

No pueden al inicio sembrar muchas, se comienza con una sola, el primer aprendizaje requiere de esfuerzo, dedicación, se tiene toda la energía para hacerlo.

Al tiempo se conocen las habilidades o las riquezas de la finca, se va definiendo que se desea hacer, con base en eso, se prepara para hacerlo.

Así, con el tiempo se van agregando semillas, cada una es un trabajo diferente en la finca, excavaciones, siembra, lugar para ganadería, crías, etc.

Madurez

Es la época más interesante, la finca bulle de actividad, todo está en marcha, es el cultivo, el momento del máximo poder.

Se presentan obstáculos, dificultades, problemas, inundaciones, derrumbes, sequías, todos los males llegan, pero no como la destrucción, sino como la fuerza que libera el conocimiento interno al solucionarlos.

Al superarlos, se obtiene la experiencia, ya no se es aprendiz, ahora se tiene el poder.

El cultivo es difícil, se tienen ayudantes, hijos, familia, se tejen lazos de unión con las nuevas fincas que se van uniendo, cada uno debe velar por la suya.

Se entrega conocimiento y experiencia, pero nunca mano de obra, cada cual debe arar, sembrar y cosechar.

Adultez

La época de la cosecha, la finca ya funciona sola, todo el engranaje está completo, se ha integrado con todas las fincas que producen en el mundo.

Se obtienen las ganancias, llega la época de la maestría y plenitud.

No se puede traspasar a nadie, ni a los hijos o herederos, al hacerlo ellos la destruirán, no saben nada, no tienen experiencia, son huéspedes inútiles.

Nunca hicieron nada en sus fincas, menos harán en otras, así estén dando cosecha. El día del fin, la finca se acaba, pero, el que la cultivo, liberó el conocimiento pleno de una vida.

Si se dejan pasar los momentos de actuar, partes de la finca van muriendo, entonces no se debe desperdiciar el tiempo en lo que no se hizo, cuando se debió hacer.

Se lucha por salvar lo que aún se puede. Infortunadamente, cuando algo comienza a morir, se descuida el resto, por tratar de darle vida a lo que ya está muerto.

Algunas personas sufren todo el tiempo, por los que ya no están o por lo que ya no tienen, descuidando lo que les queda.

En otras, opciones solo se es un peón de otras fincas, sometido a los caprichos y condiciones de otro. Y en otras más, un mendigo, limosnero de sobras, abandonó su finca, la dejó morir, deambula en la vida buscando sobras de otros, una vida inútil.

Más o menos es la idea del destino, la vida es la colmena de oportunidades, todas dependen de la fuerza que se imprima en el deseo de progresar.

No se trata de guías, señales, maestros, familia o alguien que le muestre el camino y, aunque eso exista, la libertad de actuar o no, es de cada uno.

* O usted construye su destino o es esclavo de otro destino.
* Si no les permite a otros construirlo, dándoles todo, cuando no esté, ellos morirán en la miseria, luego del derroche.
* No puede construir su destino y ayudar en otro.
* O es amo o es esclavo, los dos no puede ser
* Si quiere ayudar, primero ayúdese.
* No pida herramientas prestadas, jamás pagará el favor.

No existe mayor satisfacción, que ver la cosecha y, tomar su fruto. El trabajo de años, la exigencia, el cuidado, persistir en alcanzar logros. Salir del mundo de la inercia mental y física, nadie puede cosechar algo, que no haya sembrado.

El éxito es una semilla que se debe cultivar, todos los días, después de la cosecha, nuevamente la humilde semilla, son las cosechas del futuro.

¿Por qué me va mal?

Revise su destino, conteste las siguientes preguntas, pero tómese un tiempo en cada una, medite con toda honestidad en sus respuestas.

Si bien las vimos al inicio de este manual, ahora repítalas con una mayor consciencia de lo expresado, se dará cuenta cómo sus respuestas cambian. Ahora la visión de su vida es diferente.

* ¿Qué edad tiene?
* ¿Qué ha hecho en su vida?
* ¿Qué ha hecho con su vida?
* ¿Qué estudio tiene hoy en día?
* ¿Cuánto vale su patrimonio?
* ¿En qué considera que desperdicio su tiempo?
* ¿Cuáles son sus pasiones, las usa?
* ¿Considera que sus justificaciones para no hacer tienen validez?
* ¿Cuándo culpa a la vida u otros de su infortunio, realmente piensa que es así?
* ¿Si se lo hubiera propuesto, cómo estaría?
* ¿Aunque tenga alguna limitación, considera que pudo haberlo hecho?
* ¿Si se lo propusiera realmente, siente tener el poder para comenzar de nuevo?
* ¿Qué cambiaria ahora?

Usted está vivo, lo que quiere decir que en su destino este momento es crucial, probablemente haya encontrado en el fondo de su ser, algunas respuestas.

Dependiendo de su voluntad, acción y suerte, puede modificar su vida para que desde ahora le vaya bien.

Futuro

Ni el destino ni el futuro están escritos, usted lo construye día a día, hora a hora, cada decisión que tome, le va dando forma a sus deseos.

Si acierta, construye, si se equivoca, destruye.

Solo mediante la voluntad, logra avanzar, paso a paso, debe arar, para sembrar, cultivar, para cosechar.

Construir el futuro no es una tarea difícil, compleja o improbable, al contrario, es un reto emociónate, añorar los problemas y las dificultades, aprender a entrar y salir de las tormentas.

Tener la capacidad ante la dificultad de probar, de que está hecho, que tan fuerte es en su interior, para superar el desafío.

Cada paso que dé va a acompañado de la incertidumbre del mañana, eso es lo máximo de la vida, tener metas y darse cuenta cómo lentamente se van conquistando, un día a la vez.

Comenzar de cero, igual que este manual, al inicio, una página en blanco, donde una letra tras otra letra va convirtiendo una idea, en una realidad.

Igual en su vida tiene un infinito de futuros, todos posibles y probables.

El cambio no es algo que venga del mundo exterior, es algo que nace en lo profundo de su mundo interior.

Es cuestión de saber qué quiere, prepararse para obtenerlo, lanzarse en su búsqueda con todas sus fuerzas. No existen límites en la creación del futuro, los límites están en su mente, en sus justificaciones, para no hacer.

Si se lo propone, si realmente quiere y se exige su vida y su destino, cambiarán como no imagina, necesitara un poco de suerte.

Algo que debe tener presente para que le vaya bien, es conocer la naturaleza, saber cuándo actuar, cuando evaluar y cuando detenerse, eso es magia.

Magia y suerte

Los procesos humanos son similares con los procesos naturales, el conocimiento de estos se les conoce como magia. Debe tener en cuenta que su estudio es profundo, pero, aquí encontrará la primera página de un gran libro, dependerá de su deseo si quiere profundizar en el tema, si lo hace su vida y su futuro serán plenos.

Bien y mal
Luz y oscuridad

El placer es al tiempo, vicio y virtud

Es el primer principio que se debe comprender, base de todo el futuro, dos extremos, dos opciones, buenas y malas al tiempo.

Causantes de limitaciones, miedos, fracasos, supuestos premios y castigos. Aunque sugieren algo constructivo y destructivo, no lo son, existen cosas malas que son buenas y buenas que son malas.

Son los dos extremos de la libertad, relacionados con la luz y la oscuridad, sin que sean buenos o malos, son, simplemente.

La existencia transcurre en evitar el uno por el otro, pero, en la realidad, no existen, es lo primero que se debe tener en claro, **no existe el bien ni el mal.**

✶ Ahora, definir que algo es malo, depende para quién, lo que para uno es malo, puede ser bueno para otro.

✶ En el campo de batalla hay dos ejércitos preparados para la guerra, una gran matanza se avecina. Cada comandante dice que el otro es el enemigo que debe morir, ¿Cuál tiene la razón? ¿Quiénes son los buenos y quienes los malos, si el acto es el mismo?

¿POR QUÉ ME VA MAL?

✳ No se combate un mal con un bien, quien da bien por mal, premia el mal, para que sea peor, el mal se combate con un mal mayor, que se convierte en bueno.

✳ La vida no premia al bueno, ni castiga al malo, simplemente, no le importa, no toma partido.

✳ Usted es libre, totalmente libre de actuar como quiera, pero, asume las consecuencias.

La imposición entre ser bueno o malo lleva a tomar decisiones equivocadas, sin tener verdadero conocimiento o haber experimentado, son limitaciones que desgracian la vida.

No haga, no vaya, no suba, no venga, no lo intente, eso no le sirve, eso es malo, para qué quiere hacerlo, no necesita, ni lo intente fracasará.

Se puede hacer un listado infinito de las negaciones que se imponen considerando malo un acto, sin siquiera conocerlo o haberlo intentado. Pero, sucede en la gran mayoría de veces que se da por malo algo, porque alguien lo dijo, pero ese alguien no lo ha hecho y, aunque lo hubiese intentado, no quiere decir que sea igual para otro.

¿Qué hacer cuando sientes, que nada te sale bien?

El triunfo verdadero consiste; en tener éxito, donde otros han fracasado.

Esto sumado al pecado, un negocio de la fe es igual, el pecado es pecado y malo, hasta que es confesado, pero, si no se dice, seguirá siendo bueno.

Así, que debe retirar de su mente ese concepto, usted puede actuar de forma noble, caritativa, bondosa, ser amable, cortes, decente, pensar que actúa bien, no obstante, resulta que **le va mal**. (*Véase el Libro El Demonio, Dios y Yo*)

Al ser bueno y actuar con muchas virtudes, regala su trabajo, hace favores gratis, mantiene a otros, es permisivo, ayuda a otros, acepta sin decir nada, se somete, al final, es un servil que termina mal.

¡Hágase valer!

Pero, usted actúa fuerte, se hace respetar, valora su trabajo, tiene reglas y límites, no ofrece, valora su esfuerzo y dinero, no permite abusos, sabe decir ¡No!

Para otros puede ser malo, aun así, usted triunfa. Sin duda le va bien.

Equilibrio

Los dos extremos son conflictivos, ser muy bueno o malo, es destructivo, se debe mantener en todo en la vida, un equilibrio.

No ir a los extremos, sino conocer, saber, aplicar, modificar, la compensación para mantenerse centrado, saber cuándo decir si y cuando no.

Recuerde, debe ser egoísta, primero usted, mil usted y luego los demás. Si hace lo contrario, primero lo demás y de último usted ¿Qué considera que le queda?

El fruto de su esfuerzo, trabajo, dedicación, años de estudio, ¿Son para usted o para los demás?

Esa es otra de las razones para que le vaya mal, actuar pensando en los demás.

- ✳ Quiero trabajar para ayudar a mi familia.
- ✳ Hay que darles a mis sobrinos.

- Mis hermanos están mal, tengo que darles.
- Quiero comprarles una casa a mis papás.
- Quiero ayudar a todo el mundo.
- Tengo que mantener a mi pareja.
- Mis hijos necesitan un futuro, tengo que dejarles, casa, universidad, una cuenta, todo pago, para que no vivan lo que yo viví.
- Tengo que pagarles el apartamento a mis hijos.
- Mis papás quieren una casa de campo donde puedan ir a descansar.
- Tengo que ayudar a mi hermana con mis sobrinos.

El listado de dar es infinito, pero todo eso es una equivocación absoluta, usted no tiene que hacer nada por nadie, menos tiene qué.

Miremos fríamente y de forma realista:

Todos los que quiere ayudar, pueden trabajar y tener sus cosas, si tienen necesidades, menos se deben ayudar, si lo hace, los convierte en mantenidos.

Es simple, al suplir sus necesidades, no tendrán que exigirse para hacerlo. Así, cada vez que necesiten, van a buscar que les dé más, el día que no lo haga, será malo, lo peor y tendrá enemigos.

Sus papás tuvieron toda la vida para tener sus cosas, no piense que usted tiene una deuda económica con ellos, igual que sus hijos, no la tienen con usted.

Puede pensar, equivocadamente, en darles, a sus papás y dejarles a sus hijos una vida sin afanes, pero, eso solo los hará infelices. Precisamente los afanes y las necesidades de la vida son las que forjan los destinos. ¡Piénselo!

Si ayuda a otros, les quita responsabilidades, los hace débiles, los convierte en limosneros.

¿No se debe ayudar?

Claro que sí, sin duda se debe ayudar a quien lo necesite, pero, se debe saber cómo hacerlo.

Grabe en su mente una sentencia de la magia, en el principio de correspondencia, para estar en equilibrio, durante toda la vida, se debe tener.

¡Algo por algo!

Siempre, debe existir la compensación doy y qué obtengo, entregó y que recibo, pago por pago, vida por vida.

En lugar de dar, genere trabajo, si alguien quiere algo, que se lo gane, nada gratis, si mira con cuidado, todos pueden dar algo a cambio de lo que reciben.

Se invierte dinero en situaciones o labores que quienes reciben pueden suplir, así, ayuda y enseña a tener, igual aprenden a valorar lo que se tiene. De esta forma, no serán dependientes, ni limosneros, ¿Quiere ayudar, que va a recibir?

Todo en la vida tiene el mismo principio, evite romper el equilibrio, si quiere que le vaya bien. ¿A qué edad un campesino aprende los secretos del campo?

Otra razón para que le vaya mal, es pensar que tiene la responsabilidad de dejarles a sus hijos, un mundo listo para ellos, universidades pagas, apartamentos, carros, ahorros. En otras palabras, se trabaja para que ellos no hagan nada en el futuro, ¿Si se les deja todo, en que se van a exigir para alcanzarlo?

La mejor herencia que se le puede dar a los hijos es que aprendan a vivir por y para ellos. Deles herramientas, pero no les are, siembre y cultive, para que ellos cosechen, es hacerles un daño.

El concepto de responsabilidad no radica en dar, sino en enseñar a obtener.

Pequeñas modificaciones que equilibran el destino, si le va mal, es porque algo está haciendo mal en la administración de su vida. Nadie nace predestinado, esto quiere decir que no existe un destino programado, la libertad en el desarrollo de su vida, es la que va tejiendo su destino.

Se tienen Sinos, eventos inevitables de la vida, el más poderoso, la muerte, pero, a encarnar en este mundo, usted posee grandes y valiosas habilidades.

El asunto consiste en fluir, con ese «algo» que le apasiona, para el cual tiene esa capacidad que viene con usted de vidas anteriores.

Si hace lo más le gusta, nunca trabajará, siempre será feliz de hacerlo, si trabaja en algo que no le agrada y lo hace por necesidad, le irá mal y será siempre un castigo.

)O(**¿Por qué le va mal?**

Porque, usted de alguna manera lo ha permitido, no existe un ritual mágico, que cambie lo que no hizo, pero existen rituales y secretos que pueden ayudarle en su futuro.

Cómo no se conoce, cuál es el futuro que usted desea, ni cuáles hayan sido los eventos que han limitado su vida, no hay una forma de entregar un ritual que le sirva a todos.

Pero, cuando comience a sembrar en la finca de su vida, encontrará los rituales que darán poder y suerte.

Omar Hejeile Ch.

¿POR QUÉ ME VA MAL?

Enciclopedia Universo de la Magia

¿Desea aprender magia?

Ingrese a la escuela de la magia a través de nuestra enciclopedia en Ofiuco Wicca. El poder oculto de la mente, la influencia sin espacio ni tiempo. Un conocimiento guardado por milenios, ahora en sus manos.

WWW.OFIUCO.COM

Made in the USA
Columbia, SC
30 April 2023